Oscar saggi

Erich Fromm

L'amore per la vita

Letture radiofoniche
a cura di
Hans Jürgen Schultz

Traduzione di
Francesco Saba Sardi

Arnoldo Mondadori Editore

Titolo dell'opera originale
Über die Liebe zum Leben
I edizione Saggi maggio 1984
I edizione Oscar saggi marzo 1987
III ristampa Oscar saggi settembre 1991

ISBN 88-04-29771-9

Dello stesso autore

Nella collezione Saggi
La crisi della psicoanalisi
Anatomia della distruttività umana
Grandezza e limiti del pensiero di Freud
Avere o essere?
La disobbedienza e altri saggi

Nella collezione Gli Oscar
L'arte d'amare

Nella collezione Oscar Studio
La crisi della psicoanalisi

Nella collezione Oscar Saggi
Anatomia della distruttività umana

SOMMARIO

Prefazione
di Hans Jürgen Schultz

Questi radiotesti appartengono all'ultimo decennio, l'ottavo della vita di Erich Fromm. Il quale non si dichiarava mai soddisfatto. Leggeva, scriveva, programmava, insegnava; fino all'ultimo è rimasto aperto, anzi curioso. Ma l'opera che ha lasciato, raccolta in dieci volumi, ormai era giunta al culmine e alla conclusione, e a essa Fromm poteva attingere commentando, da osservatore attento e critico, l'attualità. Per cui, i testi qui raccolti costituiscono un interessante complemento della sua opera: il loro valore non sta tanto nella novità quanto nella vivacità dell'esposizione; non tanto nel contenuto, quanto nella forma. Le conferenze e le conversazioni sono state per lo più registrate nell'abitazione di Fromm a Locarno, in misura minore nello studio di Zurigo. Le letture permettono di farsi un'idea precisa anche dei colloqui privati, ai quali il grande vecchio volentieri invitava.

A parte i suoi primi scritti, che sono compilati in un arduo tedesco scolastico, Fromm è conosciuto nei paesi germanofoni quale un autore anglosassone, accessibile solo in traduzione. Con questi radiotesti, invece, egli ha fatto ritorno una volta ancora alla lingua materna: una lingua che, in quanto non è nata sulla carta, risulta sorprendentemente immediata. Secondo Matthias Claudius, la lingua scritta è un perfido imbuto, passando attraverso il quale il vino si trasforma in acqua; e anche Fromm preferiva la parola parlata, il discorso diretto, la forma orale. Ed eccola qui. E chiunque l'abbia conosciuto, a leggerla ha l'impressione di udirne la viva voce.

Ho visto Fromm per la prima volta nel 1970. Ci siamo incontrati, come tante volte in seguito, all'albergo Storchen di Zurigo. Ovunque, lo scrittore aveva il suo albergo prediletto; e per lui era inconcepibile che qualcuno assumesse al suo posto il ruolo di anfitrione. Discutemmo del ciclo di conferenze sul superfluo e la nausea, che il giorno dopo avrebbe dovuto essere registrato presso la radio locale. Fromm, attentissimo, per niente disturbato dal rumore e dall'intenso viavai, mi espose le sue idee. Concluso che ebbe, pensai: «Bene, è fatta». E invece no; adesso toccava a me: Fromm volle infatti sapere se avevo obiezioni, e soprattutto pretese chiarimenti sui probabili ascoltatori, i destinatari delle sue parole, insistendo con domande che rivelavano in lui un profondo conoscitore della situazione tedesca. Improvvisare senza seguire un testo scritto ma previa attenta preparazione, tale il metodo che intendeva seguire. Aveva con sé un'enorme quantità di appunti e schemi che durante la nostra conversazione continuò ad accrescere. Il mattino dopo, però, comparve senza zavorre di sorta. Gli chiesi dov'era la sua borsa, e Fromm scosse divertito il capo. Andammo in auto alla sede della radiotelevisione. Fromm prese senz'altro posto davanti al microfono, parlò liberamente: sei volte, per ventinove minuti esatti. L'unica condizione che aveva posto era che io fossi presente: aveva bisogno di avere qualcuno davanti, un rappresentante dell'anonimo auditorio al quale rivolgersi. Capita di rado che alla radio qualcuno parli in maniera così sciolta e insieme così esatta e stringata.

Mentre Erich Fromm sviluppava il suo tema, coinvolgendomi in quelle sue fertili «passeggiate» intellettuali socratiche, mi avvidi che in regia, al di là del vetro, stava accadendo qualcosa di strano: sebbene Fromm da noi fosse allora relativamente sconosciuto, alla radio di Zurigo s'era sparsa la voce che c'era qualcosa che valeva la pena di ascoltare; e dipendenti e collaboratori di ogni tipo – tecnici, segretarie, personale di servizio, persino colleghi delle redazioni – vi erano accorsi, accalcandosi in quello spazio ristretto, tendendo l'orecchio. Attribuivo alla radio un limitato potenziale dialogico: non bisogna sopravvalutarla né pretendere troppo da essa, ma elaborare uno stile discorsivo indiretto, adatto al mezzo. Fromm, invece, costituiva l'eccezione alla regola: si è sottratto all'intimidazione mediante strumenti con sorprendente disinvoltura, semplicemente aggirando gli ostacoli opposti dal medium. Come si spiega? Con il fatto che Fromm *pensava* in termini discorsivi. Il partner non rappresentava una trappola, ma egli e le sue repliche erano a priori presenti come realtà nel suo pensiero. Mentre parlava, Fromm sapeva ascoltare; ed era un così bravo oratore perché era un così buon ascoltatore.

Sì, in quel momento alla radio di Zurigo mi risultò evidente che i libri di Erich Fromm, in America nella lista dei bestseller già da un quarantennio, anche nei paesi di lingua tedesca sarebbero ben presto emersi dall'ombra per trovare entusiastica accoglienza da parte del pubblico. Già all'epoca si disponeva di una dozzina di suoi scritti pubblicati da editori disparati, e in parte in traduzioni assai discutibili. Ma doveva venire Fromm in persona, credo per scuoterli dal loro sonno da bella addormentata nel bosco. Strano? No, e si spiega: lo scrittore e l'uomo erano, nel caso specifico, la stessa persona, l'uno interprete dell'altro; la voce di Fromm era il corpo del suo discorso. Fromm è cresciuto in una tradizione sostanzialmente orale, quella ebraica, e tutti i suoi lavori sono instancabili variazioni su un unico tema: pieni di repliche e ripetizioni, di approfondimenti e affinamenti, di continue nuove partenze e appelli alla comprensione. Ben pochi sono gli autori scientifici nei quali ci si imbatta in altrettanta ridondanza. Ma una sua carenza per Fromm sarebbe equivalso a povertà, e resto sempre meravigliato della gran quantità di stimoli, incitamenti, puntualizzazioni, esplicazioni di cui sovrabbondano i suoi libri, altrettante evidenze che spalancano gli occhi al lettore.

In risposta a domande o per sciogliere nodi concettuali, Fromm ricorreva volentieri all'aneddotica, raccontando per esempio la storia di quel tale che aveva percorso una lunga strada per recarsi da un maestro assidico, ed essendogli stato chiesto se si fosse sobbarcato la fatica per conoscere il pensiero del maestro, rispose: «Oh, no, volevo solo vedere come fa ad allacciarsi le scarpe». La storiella vuol significare che un gesto a volte è più eloquente di un lungo discorso, oltre al fatto che la parola più pregnante a nulla serve se a pronunciarla non è l'uomo giusto; e la storiella mi tornava ogni volta alla mente quando andavo a trovare Erich Fromm. Ci si congedava da lui diversi da come si era giunti: rianimati, con la mente un po' più chiara, un po' meno rispettosi delle costrizioni che ci angustiano o ci spingono al fatalismo.

Ad attrarre in lui non era soltanto l'erudizione ma anche la compenetrazione di dottrina e vita e viceversa. La vita consiste nel rinascere di continuo. Ma, scrive Fromm, è tragico che la maggior parte di noi muoia prima ancora di aver cominciato a vivere. Su siffatte intuizioni, impossibile erigere un sistema. Sono una continua sfida al rinnovamento. Fromm non voleva né allievi né una scuola. Un ispirato come lui spende se stesso per non essere tesaurizzato. E quanto ad astrazione concettuale, riconosceva tutto allegro che gli faceva piuttosto difetto. Impossibile, per lui, filosofare se non *in concreto*.

Nella tarda serata del 5 gennaio 1974, la Süddeutsche Rundfunk ha mandato in onda una conversazione con Fromm di carattere autobiografico intitolata *In nome della vita*. Con tono pacato, per oltre due ore, Fromm ha raccontato di sé cose che senza questa registrazione non sarebbero mai state documentate. Un'attrice che in quel periodo recitava al teatro di Stoccarda nel *Nathan* di Lessing, era rincasata in tempo per accendere la radio e sentire la trasmissione, e quella stessa notte mi telefonò per comunicarmi l'effetto che questa le aveva fatto: da un Nathan all'altro!

Fromm non era un mago, Fromm non era un *magister*: era un Nathan. Il suo talento, che consisteva nel concedere, pensando, diritto di parola al cuore, un tempo sarebbe stato definito «sapienza».

L'amore per la vita

Superfluo e sazietà nella nostra società

1

L'uomo passivo

Affrontando il tema «Superfluo e sazietà», mi sembra innanzitutto opportuna un'osservazione sul significato delle due parole. Cosa che del resto vale non solo per questo caso, ma in generale: se infatti si afferra il significato, il senso vero di una parola, molto spesso si comprendono meglio certi problemi che quella parola serve a designare, proprio a partire dal suo senso letterale e dalla sua storia.

Esaminiamo dunque i due termini. Il primo di essı ha un duplice significato. Uno positivo: con «superfluo» si indica ciò che trascende l'immediata necessità, vale a dire il superfluente. Si pensi per esempio al concetto biblico della «terra in cui scorrono il latte e il miele» o magari, se si vuol descrivere una bella riunione, a una festa in cui il vino e tutto il resto scorrano in sovrabbondanza. Il riferimento è dunque a qualcosa di assai piacevole, vale a dire alla non scarsità, alla non mancanza, alla non necessità del risparmio. Si ha qui dunque un superfluo accettabile, appunto il superfluente.

Ma «superfluo» può anche avere un significato negativo che trova espressione nel termine tedesco *überflüssig* nell'accezione di eccessivo, inutile e sprecato. Se a una persona si dice: «Tu qui sei di troppo [in tedesco, *überflüssig*]», gli si vuol far capire che la sua presenza è inutile, esattamente il contrario di quello che si intenderebbe dicendogli: «Com'è bello averti qui», come si farebbe parlando del vino che scorra a profusione. Sicché, il superfluo può essere sovrabbondante oppure soverchio, sprecato. Vediamo dunque in quale dei due sensi se ne parli in questo contesto.

Prima, però, due parole su «sazietà» [*Überdruss*] ovvero «nausea» [*Verdruss*]. Quest'ultimo termine deriva dal verbo *verdriessen*, che significa «dare fastidio» in medioalto tedesco, mentre in gotico indica più propriamente l'*Ekel erregen*, il «provocare nausea». *Verdruss* è insomma ciò che dà noia, nausea, fastidio. Il francese esprime lo stesso concetto con il termine *ennui* che deriva dal latino *innodiare* e significa «essere-in-odio», «suscitare odio».

Sembra dunque che nel linguaggio sia implicita l'idea che la sovrabbondanza può ingenerare noia, nausea e odio. E viene spontaneo chiedersi se noi non viviamo per caso nel superfluo. Con noi intendo la moderna società industriale, quella che è andata sviluppandosi negli Stati Uniti, in Canada, nell'Europa occidentale. Dunque, viviamo nel superfluo? Chi vive nel superfluo nella nostra società, e di quale superfluo si tratta? Superfluo superfluente, oppure superfluo soverchiante, o, per dirla più semplicemente: superfluo buono o superfluo cattivo? E il nostro superfluo conduce all'*Überdruss*, vale a dire alla noia e alla nausea? Ed è inevitabile che il superfluo porti alla noia e alla nausea? E quale aspetto ha dunque il superfluo buono, la sovrabbondanza che non conduce a noia e nausea? Rispondere a tali interrogativi è lo scopo di queste mie trattazioni.

Mi sia permesso innanzitutto fare un'osservazione di natura psicologica. Da psicoanalista quale sono, in queste conferenze affronterò di continuo questioni psicologiche, e sarà opportuno avvertire gli ascoltatori che lo farò da un determinato punto di vista, quello della psicologia del profondo o della psicologia analitica, termini suppergiù equivalenti. E sarà anche opportuno che mi soffermi brevemente su ciò che molti degli ascoltatori già sanno: esistono due modi, due possibilità di studiare il problema dell'uomo sotto il profilo psicologico. La psicologia accademica attualmente studia l'uomo soprattutto dal punto di vista comportamentistico o, come si usa anche dire behavioristico. In altre parole, si indaga solo su quanto si può immediatamente vedere e osservare, che è direttamente percepibile e dunque anche misurabile e ponderabile. Infatti, quanto non si può immediatamente percepire e osservare com'è ovvio non può neppure essere misurato e pesato, per lo meno non con sufficiente esattezza.

Il metodo della psicologia del profondo, il metodo psicoanalitico, parte invece da altri presupposti. Diverso è il suo obiettivo. Esso non studia un'azione, un comportamento unicamente sulla scorta di quel che può essere visto, ma si interroga piuttosto sulla qualità del comportamento in questione, sulle motivazioni che ne stanno alla base. Non sarà inutile fornire qualche piccolo esempio. Partiamo dall'affermazione: un uomo sorride. Un comportamento che si presta a essere fotografato, descritto in termini muscolari, eccetera. Tutti sappiamo che esiste una differenza tra il sorriso di una commessa di negozio, il sorriso di una persona che ci è nemica ma che voglia mascherare la propria ostilità, il sorriso di un amico che sia lieto di vederci. A tutti è nota la differenza tra centinaia di modi di sorridere, originati da diversi moventi psicologici: si ha sempre a che fare con il sorriso, è vero, ma esso può significare cose assolutamente opposte che nessun apparecchio è in grado di misurare e neppure di registrare, perché a farlo può essere soltanto chi non è un apparecchio, vale a dire noi stessi. Noi osserviamo non soltanto con il cervello ma, se mi è concesso usare quest'espressione così fuori moda, anche con il cuore. La nostra intera persona coglie quel che si verifica nel caso specifico, la nostra intera persona sente di quale tipo è il sorriso. E qualora questa sensibilità manchi, molte saranno le delusioni che la vita ci riserva.

Prendiamo ora un'altra descrizione di comportamento: una persona mangia. Certo, mangia, ma come lo fa? Questi trangugia, quegli mangia in modo tale che si vede subito che è un pedante, il quale attribuisce importanza al fatto che tutto proceda in maniera ordinata e che il piatto resti vuoto. Un terzo ancora mangia senza trangugiare, senza voracità: il cibo gli piace; semplicemente mangia, e ne prova soddisfazione.

Un altro esempio ancora: un tale grida, rosso in volto. Noi diciamo: è arrabbiato, e indubbiamente lo è. Ma poi lo osserviamo un po' più attentamente, e ci chiediamo che cosa stia succedendo a quest'uomo che magari conosciamo, e all'improvviso ci rendiamo conto che è impaurito, spaventato, terrorizzato, che la collera è solo una reazione all'angoscia. Poi l'osserviamo ancor più attentamente, e ci avvediamo che si sente abbandonato e impotente, che ha paura di tutto, dell'intera esistenza. A questo punto, avremo fatto tre osservazioni: abbiamo notato che quel tale è furibondo, che ha paura ed è in preda a un profondo sentimento di impotenza. Tutte e tre le osservazioni sono esatte, ma si riferiscono a strati diversi della sua struttura. L'osservazione riguardante il sentimento di impotenza è quella che descrive in maniera più approfondita ciò che avviene nell'individuo in questione, mentre quella che registra unicamente lo stato d'ira è la più superficiale. In altre parole, se anche noi ci lasciamo andare alla collera e in colui che abbiamo di fronte non vediamo null'altro che una persona in preda all'ira, non cogliamo nel segno; se invece dietro la facciata dell'uomo infuriato sappiamo scoprire l'uomo spaventato, che si sente impotente, il nostro approccio a lui sarà diverso e potrà accadere che la sua collera si plachi perché non si sente più minacciato.

Dal punto di vista della psicoanalisi, nei casi in esame non ci interessa in primo luogo, e tanto meno esclusivamente, costatare come una persona *si comporti*, esteriormente, bensì quali *moventi*, quali intenzioni abbia, e se questi siano consci oppure inconsci. Noi ci interroghiamo sulla qualità del suo comportamento. Ad un mio collega, Theodor Reik, si deve l'affermazione: «L'analista ascolta con il terzo orecchio». È verissimo. Se si preferisce, e per usare una locuzione più antiquata, l'analista legge tra le righe. Vede non soltanto ciò che gli viene direttamente presentato, ma scorge, in ciò che è offerto allo sguardo e osservabile, ben di più, qualcosa dell'essenza della personalità che agisce qui ora, e ogni azione della quale è solo un'espressione, una manifestazione, ma pur sempre colorata dall'intera personalità. Non c'è atto del comportamento che non sia un gesto di quell'intero, specifico individuo, e quindi in ultima analisi non ci sono mai due atti comportamentali che siano identici, così come non ci sono due individui identici. Possono essere simili, apparentati, ma non sono gli stessi. Non esistono due esseri umani che abbiano la mano conformata esattamente allo stesso modo, che camminino allo stesso modo, che muovano la testa allo stesso modo, ed è per questo che a volte si riconosce una persona dal passo, pur senza vederne il volto. La maniera di camminare per un essere umano è altrettanto caratteristica del volto, e forse più: infatti si può contraffare il volto, più facilmente del passo. Con il volto si può mentire: è una proprietà dell'uomo che manca agli animali. Ma ben più arduo è mentire con il passo, sebbene anche questo lo si possa apprendere.

Con queste premesse, passo ora al *consumo* inteso come problema psicologico o, più esattamente, psicopatologico. Gli ascoltatori si chiederanno: come sarebbe a dire? Consumare è una cosa che tutti devono fare. Ogni essere umano deve mangiare e bere, ogni essere umano indossa abiti e ha una casa, insomma usa e sciupa molte cose, ed è quel che chiama «consumare». Dove sta dunque il problema psicologico? È semplicemente una realtà naturale: per vivere bisogna consumare. Ma eccomi subito al punto: consumare e «consumare» non sono la stessa cosa. Esiste infatti un consumo coatto e promosso dalla voracità. È un impulso a mangiare sempre di più, ad acquistare sempre più, a possedere sempre più, ad adoperare sempre più cose.

A questo punto, mi si obietterà forse: ma non è normale? In fin dei conti, tutti noi aspiriamo ad ampliare e moltiplicare quel che abbiamo. Il problema consiste al massimo, nel non avere abbastanza denaro, non certo nel fatto che, nel desiderio all'ampliamento, alla moltiplicazione, ci sia qualcosa di sbagliato... E capisco perfettamente che molti la pensino così. Vorrei però mostrarvi con un esempio che le cose non sono così semplici: del caso cui mi riferirò, certo avrete già udito parlare, e spero che riguardi pochi di voi. Prendiamo una persona affetta da bulimìa, insomma da peso eccessivo. Una condizione che può avere cause endocrine, ma non è questo che qui ci interessa. Molto spesso il motivo va semplicemente ricercato nel fatto che la persona in questione mangia troppo. Mangiucchia a tutte le ore, soprattutto dolci, cerca sempre qualcosa da mettere sotto i denti. E se la si osserva un po' più attentamente, si costaterà non soltanto che mangia in continuazione, ma che a indurvela è una brama incontenibile: *deve* mangiare, non può farne a meno, così come molti non possono fare a meno di fumare. E certo saprete che le persone che smettono di fumare molto spesso all'improvviso cominciano a mangiare di più, giustificandosi con l'affermazione che chi smette di fumare ingrassa. Si tratta di una di quelle belle razionalizzazioni cui si fa ricorso per non smettere di fumare. Perché? Perché la stessa brama di cacciare qualcosa in bocca, di inghiottire qualcosa, si esprime in forma di cibo, di fumo, di bevanda o magari di acquisto.

Se un individuo che mangi, beva o fumi in maniera avida e coatta segue il consiglio del medico di smettere, pena altrimenti la morte per infarto, è facile costatare come all'improvviso diventi pauroso, insicuro, nervoso, depresso. E qui assume evidenza una singolare circostanza: il non mangiare, il non bere, il non fumare, può generare angoscia. Ci sono individui i quali mangiano o comprano, non già semplicemente per mangiare o per comprare, bensì per reprimere uno stato d'animo di angoscia o di depressione. Consumano in maniera eccessiva per sottrarsi al proprio disagio. Il consumo promette loro guarigione, ed effettivamente la fondamentale condizione di depressione o di angoscia si attenua un tantino quando la brama sia soddisfatta. La maggioranza di noi potrà costatare che quando ci si sente angosciati o depressi, si è facilmente portati ad aprire il frigorifero, a mangiare o a bere qualcosa anche senza averne particolarmente voglia, offrendosi così un apparente sedativo. In altre parole: mangiare e bere in realtà può assumere assai spesso la funzione di una droga, di un tranquillante, tanto più piacevole quanto più è saporito.

L'individuo depresso avverte in sé qualcosa di simile a un vuoto, come se fosse mutilato, come se gli mancasse qualcosa per poter essere attivo, come se non potesse muoversi bene in mancanza di alcunché che possa muoverlo; e se inghiotte qualcosa, può darsi che la sensazione di vuoto, di paralisi, di debolezza, lo abbandoni, per qualche istante, e l'individuo avrà la sensazione di essere qualcuno, di avere qualcosa, di non essere un nulla. Ci si riempie di cose per scacciare il vuoto interiore. È questo l'uomo *passivo*, colui il quale ha la sensazione di essere ben poco e che riesce a dimenticare questa sensazione in quanto consumi e si trasformi in *homo consumens*.

Ho usato l'espressione «uomo passivo», e qualcuno ne chiederà il significato. Che cosa è infatti passività e che cosa attività? Per rispondere, devo innanzitutto rifarmi al concetto moderno di passività e attività, che del resto credo sia ben noto. Secondo la concezione popolare, attività è tutto ciò che è rivolto a uno scopo, il fare che richiede energia, e dunque un lavoro sia fisico che psichico, o magari uno sport, che per lo più è inteso come qualcosa che fa bene alla salute oppure contribuisce al buon nome della patria o ancora rende celebre chi lo pratica e gli assicura ricchezza.

Di solito, se si pratica uno sport, non è per la gioia dell'esercizio in sé e per sé, bensì per ottenere un determinato effetto. Attivo è colui che si dà da fare, che è *busy*, indaffarato, come si dice in America. E *busy* e *business* hanno lo stesso etimo.

E quando da questo punto di vista si è passivi? Quando manchi un evidente vantaggio, quando non sia individuabile un risultato preciso. Mi sia permesso di servirmi di un esempio volutamente semplice, quello di un individuo che se ne stia a contemplare il paesaggio; se ne sta lì, cinque minuti, mezz'ora, magari un'ora intera, senza far nulla, guardando soltanto. Dal momento che non fotografa neppure, ma semplicemente sprofonda in ciò che i suoi occhi scorgono, potrà accadere che lo si consideri un pochino strano, e comunque che la sua «contemplazione» non sarà definita certo un'attività. E adesso, prendiamo un individuo – ma si tenga presente che nella nostra cultura occidentale accade di rado – il quale mediti, cerchi di assumere coscienza di se stesso, dei propri sentimenti, dei propri stati d'animo, della propria condizione interiore. Se lo fa sistematicamente, potrà continuare per ore, e quanti gli stanno attorno, e che non capiscono nulla di quanto fa, lo considereranno un individuo passivo. Costui non fa niente, forse anzi allontana tutti i pensieri dalla mente, si sforza di non pensare a nulla, tenta semplicemente di essere. È una stranezza? Bene, provatevi a farla anche solo per due minuti, e vedrete quanto sia difficile: qualcosa vi passa di continuo per la mente, e sono le cose più disparate, per lo più di scarso interesse che non avete però modo di escludere da voi, essendo assai difficile starsene semplicemente lì senza pensare.

Per certe grandi culture dell'India e della Cina, tale forma di meditazione ha importanza vitale, al contrario di quanto, purtroppo, si verifica da noi: ambiziosi come siamo, noi riteniamo infatti di dover sempre fare qualcosa che abbia uno scopo, di dover raggiungere una meta. Ma provatevi a trascurare, per un momento, lo scopo, cercate di concentrarvi e dedicatevi a quest'esercizio con pazienza: può darsi che scopriate quanto tonificante sia questo non far niente.

Ma volevo solo accennare al fatto che, nell'attuale uso della lingua, si intende per attività un fare che abbia un effetto visibile, mentre la passività appare priva di scopo; la passività è un atteggiamento nel quale non è dato costatare un consumo di energia. E che questo sia il significato che si attribuisce ad attività e a passività, dipende dalla questione del consumo: se consumiamo «eccesso cattivo», la nostra apparente attività risulta in ultima analisi essere passività. Quale forma di attività creatrice, di «buon eccesso», di abbondanza, di resistenza, occorrerebbe per fare di noi qualcosa più di meri consumatori?

2

La noia moderna

Soffermiamoci adesso brevemente sul concetto classico di attività e passività, quale lo troviamo in Aristotele, Spinoza, Goethe, Marx e in molti altri pensatori occidentali da duemila anni a questa parte. In essi, l'*attività* è intesa come qualcosa che porta a espressione forze insite nell'uomo, qualcosa che dà vita, che fa da levatrice a potenzialità sia somatiche che affettive, intellettuali e artistiche. Parlo di forze insite nell'uomo, ma può darsi che a qualcuno l'espressione riesca oscura, perché di solito si suppone che forze ed energie risiedano in macchine, non invece in esseri umani. E nella misura in cui l'uomo dispone di forze, queste hanno principalmente lo scopo di inventare macchine e farle funzionare. E mentre cresce la nostra ammirazione per le forze contenute nelle macchine, diminuisce la percezione delle meravigliose forze presenti nell'uomo. L'affermazione del poeta greco nell'*Antigone*, che vi sono «molte cose degne di meraviglia al mondo, ma nulla è meraviglioso quanto l'uomo», per noi non ha più un preciso significato. Il razzo lunare molto spesso ci sembra assai più degno di ammirazione del piccolo uomo; e in un certo senso siamo persuasi di aver creato, grazie alle nostre invenzioni moderne, cose ben più meravigliose di quanto non abbia fatto Dio creando l'uomo.

Ma il nostro punto di vista cambia se rivolgiamo l'attenzione alla coscienza e all'espansione delle molteplici forze che sono nell'uomo allo stato potenziale: non solo la forza di parlare e di pensare, bensì anche quella di pervenire a una sempre maggiore comprensione, di raggiungere una maturità sempre maggiore, la forza dell'amore o dell'espressione artistica – tutto quanto è implicito nell'uomo e attende solo di essere attuato. L'attività, il dinamismo come lo intendevano gli autori dianzi citati, è appunto l'esplicazione, la manifestazione di queste forze, proprie dell'uomo ma per lo più celate o represse.

Mi permetto a 'questo punto' di leggervi una citazione di Karl Marx. Con l'avvertenza, e ve ne avvedrete subito, che si tratta di un Marx ben diverso da quello che vi è stato fatto conoscere all'università, dalla stampa o dalla propaganda, di sinistra o di destra che sia. La citazione è tratta dai *Manoscritti economico-filosofici* (MEGA I, 3, pag. 149): «Se parti dal presupposto che l'uomo sia un uomo e il suo rapporto con il mondo sia umano, potrai scambiare amore solo con amore, fiducia con fiducia, eccetera... Se vuoi esercitare influenza su altri uomini, devi essere un uomo che davvero agisce sugli altri uomini in maniera stimolante e costruttiva. Ognuno dei tuoi rapporti con l'uomo – e con la natura – deve essere una ben precisa manifestazione della tua vera esistenza individuale corrispondente all'oggetto della tua volontà. Se ami senza ottenere in cambio amore, se cioè il tuo amore in quanto amore non produce un contraccambio d'amore, se mediante la tua manifestazione vitale come uomo amante non ti fai uomo amato, vuol dire che il tuo amore è impotente, che è una sventura».

È chiaro che Marx parla dell'amore come di un'attività. L'uomo moderno, invece, non pensa di creare qualcosa con l'amore: di solito, e anzi quasi esclusivamente, si preoccupa di essere amato, non già di sapere egli stesso amare, e dunque di produrre, con l'amore, amore in contraccambio, e pertanto di introdurre nel mondo qualcosa di nuovo, che prima non esisteva. Accade pertanto che ritenga che essere amati sia un puro caso o che lo si ottenga a patto di acquistare tutto quello che presumibilmente porta all'essere amati, dal giusto dentifricio all'abito elegante e alla automobile più cara. Non saprei dire che risultati si ottengano con il dentifricio e gli abiti; ma purtroppo è un fatto che molti individui di sesso maschile vengono amati grazie alla loro automobile di moda; e d'altro canto bisogna aggiungere che molti uomini si interessano più all'automobile che alla donna. E in apparenza, tutto funziona – a parte che l'uomo e la donna ben presto si annoiano e magari si odiano, perché si sono ingannati a vicenda o ingannati si sentono. Credono di essere amati, mentre in realtà hanno dato vita a una finzione, non a un amore attivo.

Allo stesso modo, nell'accezione classica si intende per *passività*, non già il fatto che qualcuno se ne stia seduto a pensare, a meditare, a contemplare la natura circostante, bensì il mero reagire o il mero essere agiti.

Il mero reagire: non va infatti dimenticato che per lo più siamo attivi nel senso che reagiamo a stimoli, a impulsi, a situazioni le quali grazie all'abitudine che ne abbiamo ci inducono a fare qualcosa in presenza del segnale corrispondente. Il cane di Pavlov reagisce provando appetito all'udire il suono del campanello che ha finito per associare al cibo; e, avventandosi sulla ciotola, ovviamente è molto «attivo». Ma si tratta di un'attività che è una mera reazione a uno stimolo. Il cane funziona come una macchina. L'odierna psicologia comportamentistica si occupa proprio di questo processo: l'uomo è un essere reattivo, un impulso viene emesso, e a esso fa subito seguito una reazione. Lo si può fare con i ratti e i topi, con le scimmie, con gli esseri umani, persino con i gatti, sebbene in questo caso con maggior difficoltà. Con gli uomini purtroppo è facilissimo. Si ritiene che ogni comportamento umano in fin dei conti si fondi sul principio della ricompensa e della punizione, le quali sarebbero i due impulsi fondamentali e ci si attende che l'essere umano si comporti come ogni animale, e cioè che si adatterebbe a fare ciò per cui viene ricompensato, tralasciando di fare quello per cui gli si minaccia una punizione. E non occorre neppure infliggergliela davvero, bastando la sola minaccia, anche se è necessario che di tanto in tanto questo o quell'individuo venga esemplarmente punito per evitare che la minaccia sia a vuoto.

E passiamo ora all'essere agiti. Prendiamo in considerazione un ubriaco; lo vedremo molto spesso quanto mai «attivo», nel senso che grida e gesticola. Oppure si pensi a un individuo affetto da quella psicosi che vien detta mania: l'individuo in questione è iperattivo, si dà da fare per soccorrere il mondo intero, parla, telegrafa, è sempre intento a macchinazioni, offre insomma l'immagine di un incredibile attivismo. Ma noi sappiamo che il motore dell'attività è, nel primo caso, l'alcool, e nell'altro, nello psicotico maniaco, un disordine elettrochimico del suo cervello. Ciò non toglie che le loro manifestazioni esteriori siano di un'esasperata attività.

Ma l'«attività» quale mera reazione a un impulso oppure quale essere mossi da una passione in fin dei conti è una passività, nonostante l'apparenza del contrario. La parola «passione» si ricollega al patire; e parlando di un individuo assai passionale, in effetti si fa ricorso a un'espressione dal duplice significato. Ha scritto Schleiermacher: «La gelosia è una passione che ricerca con zelo ciò che produce patimento». E questo non vale solo per la gelosia, bensì per ogni passione dalla quale l'uomo sia trascinato, si tratti di ambizione sfrenata, di avarizia, di potere o di bulimia. Tutte le brame sono passioni che generano patimenti. Sono passività. La parola latina *passio* significa appunto dolore. Nell'odierno uso linguistico, questa connotazione è andata in larga misura perduta, perché con il termine passione si intende tutt'altro; ma non è di questo che voglio occuparmi ora.

Se consideriamo l'attività dell'individuo che semplicemente reagisce o è agito, e cioè proprio dell'essere umano passivo in senso classico, noteremo come la sua reazione non produca mai nulla di nuovo. Si tratta di una routine. La reazione ha sempre identico effetto: allo stesso impulso segue la stessa reazione. Si sa esattamente che cosa accadrà; tutto è prevedibile. Non si ha un'individualità, non si ha un dispiegarsi di forze, tutto sembra programmato: stesso impulso, stesso effetto. Avviene esattamente ciò che è dato osservare nei ratti in laboratorio. Allo stesso modo, per la psicologia comportamentistica, secondo la quale l'essere umano è essenzialmente un meccanismo, l'individuo manifesta sempre determinate reazioni a determinati stimoli. E capire questo processo, studiarlo e ricavarne ricette è ciò che vien detto scienza. E può darsi che di scienza si tratti. Ma umana no di sicuro! Perché l'essere umano vivente in effetti non reagisce mai allo stesso modo. In ogni istante è un altro uomo; e, anche se non è mai totalmente diverso, in ogni caso non è mai lo stesso. Eraclito ha espresso questa verità dicendo che «è impossibile bagnarsi due volte nello stesso fiume», poiché «tutto scorre». Voglio dire che la psicologia behavioristica può essere una scienza, ma non è certo una scienza dell'uomo, bensì una scienza dell'uomo alienato praticata con metodi alienati da ricercatori alienati. Certo, essa è in grado di mettere in rilievo certi aspetti dell'essere umano; ma quello che trascura è proprio il vivente, lo specificamente umano.

Ecco qui un esempio della differenza tra attività e passività, che ha avuto un ruolo di grande momento nell'industria americana della psicologia. Incaricato dalla Western Electric Company di studiare il modo di aumentare la produttività di operaie – si noti: a basso livello di istruzione – delle officine Hawthorne di Chicago, il professor Elton Mayo ha escogitato il seguente esperimento. Si riteneva all'epoca che le operaie in questione forse avrebbero lavorato meglio se si fossero loro concessi al mattino dieci minuti di riposo, e magari altri dieci per bere un caffè, e così via. Si trattava, come s'è detto, di mano d'opera di basso livello, addetta a mansioni oltremodo monotone, consistenti nell'avvolgimento di bobine, cosa che non richiede nessuna arte, nessuno sforzo, ma è quanto di più passivo e ripetitivo si possa immaginare. Elton Mayo ha spiegato alle operaie l'esperimento che aveva in mente, e ha introdotto nel pomeriggio una pausa caffè; il risultato è stato che la produttività è immediatamente aumentata. Era davvero straordinario costatare quanto efficace fosse il metodo; Elton Mayo ha introdotto allora anche una pausa al mattino, e ancora una volta la produttività è aumentata, e altre concessioni hanno avuto lo stesso effetto, sicché le previsioni si sono rivelate pienamente fondate.

Un professore qualsiasi a questo punto avrebbe messo fine all'esperimento, raccomandando ai dirigenti della Western Electric Company di realizzare una più alta produttività con una perdita di venti minuti; non così Elton Mayo, che era un uomo ricco di inventiva e si è chiesto che cosa sarebbe accaduto se avesse abolito quei vantaggi. Per prima cosa ha privato le operaie della pausa caffè, e l'aumento di produttività è continuato. A essere abolita è stata poi la pausa del mattino, e la produttività ha continuato a salire. E così via. A questo punto, certi sapientoni avrebbero alzato le spalle e commentato: «Ah, un esperimento inconclusivo».

Ma nel caso specifico si è imposta invece la domanda: come si spiega che operaie ignoranti per la prima volta in vita loro abbiano mostrato interesse per ciò che facevano nella fabbrica? L'avvolgimento delle bobine era e restava noioso e monotono; ma le operaie erano state messe al corrente dell'esperimento, ragion per cui sentivano di agire in un contesto, avevano la sensazione di dare un contributo importante, non soltanto per il profitto dell'anonima azienda, ma per tutta la mano d'opera impiegata. E Mayo ho potuto comprovare che a incrementare la produttività del lavoro era stato quest'inaspettato interesse, questa possibilità di partecipazione, non già le pause mattutine e pomeridiane. Ne è derivato un modo di pensare diverso, secondo il quale il movente della produttività va ricercato più nell'*interesse* per il lavoro in sé che non nelle pause, negli aumenti salariali e in altre concessioni. Mi riservo di ritornare più avanti sull'argomento, limitandomi qui a indicare la differenza essenziale tra attività e passività. Finché le operaie non avevano un interesse, erano passive; nel momento in cui è stato loro concesso di aver parte nell'esperimento, in loro si è destato un sentimento di cooperazione, sono diventate attive, hanno cambiato sostanzialmente atteggiamento.

Rifacciamoci adesso a un altro caso molto più semplice. Prendiamo un turista che, naturalmente armato di apparecchio fotografico, capiti in una località qualunque e si veda di fronte un monte, un lago, un castello, visiti una mostra; ma tutto questo non lo vede direttamente, bensì attraverso la fotografia che vuole scattare. La realtà per lui importante è quella fermata sulla pellicola, la realtà di cui si è impadronito, non già quella che gli sta di fronte. Il secondo passo, l'immagine fotografica, precede dunque il primo, la visione come tale. Una volta che abbia in tasca la fotografia, il turista potrà mostrarla agli amici, atteggiarsi come se fosse stato lui stesso a creare quel pezzo di mondo che ha registrato, dieci anni dopo potrà servirsene per ricordarsi della località in cui s'è recato, e via dicendo. Insomma, la fotografia, la percezione artificiale, ha preso il posto della percezione originaria. Molti turisti non cominciano col guardarsi attorno, ma danno subito mano all'apparecchio fotografico, laddove il buon fotografo dapprima introietta quello che poi coglierà con l'apparecchio, in altre parole per prima cosa si mette in rapporto con ciò che poi fotograferà. Questo guardare che precede il fotografare è alcunché di attivo. La differenza tra i due atteggiamenti non può essere valutata sperimentalmente, ma è possibile coglierla nell'espressione di chi si rallegra di aver visto qualcosa di bello. Successivamente, costui potrà anche fotografare. Non mancano neppure (per quanto siano rari) individui che preferiscono fare a meno della fotografia perché questa immiserisce il ricordo. Con l'ausilio della pellicola, infatti, non si vede altro che un ricordo; ma per chi si sforza invece di rammentare, senza l'ausilio della fotografia, quel determinato paesaggio, ecco che esso rinasce in lui. Il paesaggio riemerge, torna a farsi vivo come quando lo si è visto. E a riemergere non è semplicemente un ricordo, come avviene quando ci si sovviene di una parola: noi stessi ricreiamo il paesaggio, noi stessi produciamo quell'impressione. Un'attività di questo tipo ravviva, arricchisce e rafforza le energie vitali, mentre la passività rende svogliati e depressi, quando addirittura non riempia d'odio.

Si pensi a un gruppo in cui si sia invitati a far parte, e di cui si sappia già esattamente ciò che dirà questi o quegli, che cosa diremo noi e che cosa risponderà quell'altro. Le frasi di ognuno sono precise, regolate come nel mondo delle macchine; ognuno ha la sua opinione, il suo punto di vista. Nulla accade, e quando si ritorna a casa ci si sente, sotto sotto, stanchi morti. Mentre si era con quella gente, con ogni probabilità ci si è mostrati vivaci e attivi: si è parlato quanto l'interlocutore, si sono persino toccati argomenti stimolanti, eppure è stata una serata di pura passività, nel senso che i partecipanti hanno esibito agli altri soltanto se stessi, in un rapporto di impulso e reazione, hanno suonato lo stesso logoro disco, niente di veramente nuovo è venuto fuori, tutto è stato mera noia.

Ora, un aspetto assai singolare della nostra cultura è che gli uomini non si rendono abbastanza conto o, per meglio dire, non sono sufficientemente consapevoli che la noia è una sofferenza. Chi si trovi chiuso in una cella di isolamento o anche solo chi, per un motivo qualsiasi, non sa che cosa fare di se stesso, qualora abbia in sé la possibilità di fare qualcosa di vivente, di produrre alcunché, di volgersi alla riflessione, avvertirà la noia come un peso, un gravame, una paralisi della quale forse non saprà darsi ragione. La noia è una delle peggiori torture: modernissima, sempre più diffusa. L'individuo che le sia consegnato senza potersene difendere, si sentirà profondamente depresso. A questo punto magari vi chiederete: ma perché gran parte dei nostri simili non s'avvedono che la noia è un malanno, una pena? Ritengo che la risposta a questa domanda sia semplice: noi oggi produciamo molte cose che permettono di sfuggire alla noia. La si può evitare inghiottendo tranquillanti, bevendo, passando da un cocktail all'altro, litigando con la propria moglie, lasciandosi distrarre dai media, dedicandosi a intense attività sessuali, attività che molto spesso sono tentativi di impedire che la noia diventi conscia. Non va però dimenticata la spiacevole sensazione che molto spesso si prova quando si è visto un film stupido o si è scacciata la noia in un modo qualunque: una sorta di dopo sbronza che si avverte allorché ci si rende conto che è stata una faccenda tediosissima, che non si è usato il tempo ma lo si è semplicemente ammazzato. È davvero un aspetto singolare della nostra cultura: noi facciamo di tutto per salvare, risparmiare tempo e, quando l'abbiamo salvato o risparmiato, l'ammazziamo perché non sappiamo che farcene.

3

I bisogni artificiali

È opinione ampiamente diffusa, non solo tra i profani ma anche tra molti uomini di scienza, che l'individuo sia una macchina funzionante secondo determinati requisiti fisiologici. Ci sono fame e sete, la necessità di dormire, la sessualità, e via dicendo: bisogni fisiologici o biologici che devono essere soddisfatti; e, qualora non lo siano, l'individuo diviene nevrotico oppure, come nel caso della fame, muore. Se invece sono soddisfatti, almeno in apparenza tutto va per il meglio. È tuttavia evidente che le cose non stanno affatto così. Può infatti darsi che tutti i bisogni fisiologici e biologici dell'individuo siano soddisfatti, e che ciononostante egli non sia soddisfatto, e dunque non viva in pace con se stesso ma si senta come se fosse affetto da una grave malattia interiore, sebbene in apparenza abbia tutto ciò che gli occorre. Gli manca la spinta, gli manca l'impulso che ne promuove l'attività.

Mi limiterò ad alcuni rapidi esempi. In questi ultimi anni, si sono compiuti interessanti esperimenti sulla totale abolizione di stimoli. A tale scopo, si chiude un individuo in una cella di isolamento, gli si fornisce cibo, temperatura e illuminazione sempre eguali, eccetera, ma gli si fanno mancare completamente gli stimoli, sicché l'individuo vive in un certo senso in un ambiente simile a quello del feto nell'utero materno. Bastano pochi giorni perché nell'individuo oggetto dell'esperimento si riscontrino manifestazioni decisamente patologiche, spesso di tipo schizofrenico: sebbene le sue esigenze fisiologiche siano soddisfatte, dal punto di vista psicologico una simile condizione di passività è patogena al punto da poter causare la pazzia. La stessa situazione, che nel caso del feto è normale (sebbene anche in questo caso non si abbia un'abolizione di stimoli altrettanto totale che nell'esperimento), nell'individuo adulto si rivela, ripeto, patogena.

Sono stati compiuti anche esperimenti oltremodo rivelatori, volti a studiare gli effetti ottenuti impedendo a cavie umane di sognare, e resi possibili dalla costatazione che quando si sogna gli occhi si muovono molto rapidamente; se allora si sveglia la «cavia» le si impedisce di sognare. E nelle «cavie» sottoposte a prove del genere si sono rilevati cospicui sintomi patologici, a dimostrazione del fatto che il sogno è una necessità. Anche nel sonno, l'essere umano resta psichicamente e mentalmente attivo, e se quest'attività viene bloccata si ammala.

L'etologo Harlow, specialista in psicologia animale, ha compiuto esperimenti del genere con scimmie. Ha notato che queste per dieci ore di seguito erano impegnate in complesse attività, dedicandosi con tenacia e pazienza alla costruzione di un «nido» indipendentemente da ricompense o punizioni, senza che intervenisse nessun anello della catena reattiva, indottevi da semplice interesse per il lavoro in sé. Anche gli animali, e segnatamente i primati, possono infatti essere mossi da profondi interessi, anziché essere motivati unicamente dalla ricerca del cibo o dalla paura di venire puniti.

Mi permetto di richiamare l'attenzione anche su un altro aspetto: da oltre trentamila anni l'uomo ha dato vita all'arte. Molto spesso si sente dire che questa aveva scopi puramente magici. Ma si pensi alle pitture rupestri preistoriche con le splendide immagini di animali dagli aggraziati movimenti. Può darsi che siano state eseguite perché gli uomini credevano davvero di ottenere, così facendo, maggior successo nell'attività venatoria, ma basta questo a spiegarne la bellezza? A scopi magici, non occorreva certo un'esecuzione così artistica, una così attenta decorazione di pareti di roccia o di recipienti: la bellezza di quelle immagini che ancora oggi ci è dato di cogliere e apprezzare, era un di più, il che significa che l'uomo, al di là dell'interesse per il pratico, per l'utilitaristico, per l'oggetto d'uso, è animato da altri interessi, che aspira a un'attività intesa come creatività, plasmazione, sviluppo di forze a lui congenite.

Lo psicologo tedesco Karl Bühler ha coniato un termine molto bello: *Funktionsfreude*, letteralmente «gioia della funzione», per dire che l'attività può comportare una gioia che consiste nel fatto che l'uomo gode del proprio funzionamento, e non già perché ha bisogno di questa o quella cosa, bensì perché l'atto della creazione, l'espressione delle proprie facoltà, di per sé è fonte di gioia. Cosa che, com'è ovvio, ha importanti implicazioni per quanto riguarda l'educazione. Una geniale riformatrice italiana, Maria Montessori, si è resa conto che ricorrendo all'antico principio della ricompensa e della punizione si potevano, sì, ammaestrare i bambini, non però educarli. E sono ormai numerose le ricerche da cui risulta che in effetti l'essere umano impara più facilmente quando l'attività comporta in sé e per sé un'immanente soddisfazione.

A mio giudizio, l'uomo è se stesso soltanto quando si esprime, quando dà voce alle proprie forze interiori. Se questo non accade, se semplicemente «ha» e usa anziché «essere», l'uomo decade, si riduce a cosa, la sua esistenza gli appare priva di senso, diviene sofferenza. La vera gioia risiede nella vera attività, e la vera attività è l'espressione, la crescita delle forze umane. Non va infatti dimenticato che, anche dal punto di vista della mera fisiologia cerebrale, l'attività mentale comporta comprovatamente la crescita delle cellule cerebrali, e la si può addirittura misurare, pesare. Una situazione non molto diversa da quella che si verifica con i muscoli sottoposti a esercizio. Dedicandosi invece a una attività di mera routine, si conferma semplicemente ciò che già si è, non però ciò che si potrebbe essere.

A queste considerazioni sul superfluo, vorrei aggiungerne qualche altra di carattere economico e sociale. Nella storia dell'umanità si possono distinguere alcune fasi fondamentali. Durante una fase di lunghissima durata, la scimmia si è trasformata in essere umano, un processo che ha richiesto alcune centinaia di migliaia di anni, che non si è svolto d'un tratto, poiché si è trattato di una trasformazione durante la quale molto lentamente la quantità si è tramutata in qualità. L'uomo è comparso, più o meno perfetto, solo sessantamila anni fa, e da quel nostro progenitore è andato sviluppandosi l'uomo moderno, l'*homo sapiens* che noi siamo oggi, venuto in essere circa quarantamila anni fa. Muoviamo da una prima costatazione, e cioè che si è trattato d'un lasso di tempo straordinariamente breve.

In che cosa l'uomo si distingue dall'animale? Non certo per la stazione eretta, la quale esisteva già molto tempo prima nella scimmia, quando ancora il cervello non si era sufficientemente sviluppato. E a distinguerlo non è neppure l'uso di strumenti, ma qualcosa di decisamente nuovo, una qualità di tutt'altro genere: la coscienza di sé. Anche l'animale, certo, ha una coscienza, ha consapevolezza degli oggetti, sa che una certa cosa è quella e non un'altra. Ma l'uomo viene al mondo con un'altra, nuova consapevolezza, la consapevolezza di sé: sa di essere, e di essere diverso, scisso dalla natura, separato anche dagli altri uomini. Sperimenta se stesso; ha coscienza di pensare e di sentire, cosa che – stando almeno a quanto ne sappiamo – non ha analogia nel regno animale. È questo lo specifico, ciò che fa dell'uomo appunto l'uomo.

A partire dal momento in cui è nato per così dire, quale uomo completo, è vissuto grosso modo per trentamila anni in una situazione di penuria generalizzata, di diffusa carenza. Cacciatore, si procurava la sussistenza dando la caccia ad animali, raccogliendo cose che poteva utilizzare e che trovava senza doverle coltivare: un'esistenza caratterizzata da povertà, da indigenza. Poi, però, si è verificata una grande rivoluzione, quella che è stata definita «rivoluzione neolitica». È avvenuta circa diecimila anni fa. L'essere umano ha cominciato a produrre, a produrre materialmente. Non è vissuto più grazie a ciò in cui si imbatteva o che poteva catturare, ma si è trasformato in agricoltore o allevatore. Produceva più di quanto gli occorreva al momento, in quanto rivolgeva il proprio pensiero, la propria abilità, la propria preveggenza, al compito di creare egli stesso qualcosa.

Oggi, l'agricoltore neolito con il suo rozzo aratro può sembrarci assai primitivo; in realtà, è il primo che si sia svincolato dalla mera dipendenza dalla natura, dalla situazione in cui in precedenza era vissuto l'uomo e che, col proprio cervello, con la propria inventiva, con la propria capacità, ha cominciato a esercitare un influsso sul mondo e a crearsi uno spazio vitale. Progettava, prevedeva, per la prima volta si assicurava una relativa sovrabbondanza senza più restare legato all'agricoltura e all'allevamento primitivi. È così nata una cultura, sono sorte città, ben presto si è inaugurata una nuova epoca, appunto quella della relativa sovrabbondanza. Parlo di «relativa sovrabbondanza» nel senso che, se la povertà e la penuria precedenti sono superate, la sovrabbondanza non bastava a far sì che tutti vi avessero parte. Si è così costituita una minoranza formata da coloro che guidavano la società e il cui potere è andato aumentando; costoro tenevano per sé la parte migliore, lasciando alla maggioranza soltanto ciò che restava. La tavola non era imbandita per tutti, la sovrabbondanza non era accessibile a ognuno. Sintetizzando e semplificando, possiamo dunque definire di relativa sovrabbondanza o di relativa carenza quella condizione che ha predominato fin dall'inizio della rivoluzione neolitica e che, sia pure in misura diversa, è ancora oggi in atto.

La sovrabbondanza relativa è paragonabile a una moneta a due facce: se da un lato l'uomo è riuscito a produrre cultura, a costituire la base materiale che gli ha permesso di erigere edifici, di organizzare stati, di allevare filosofi e così via, dall'altro la carenza relativa ha comportato lo sfruttamento della maggioranza a opera del gruppo minoritario. Senza la maggioranza oppressa, l'economia moderna non avrebbe potuto svilupparsi. La guerra al contrario di ciò che molti sostengono, non è radicata nell'istinto umano, in un naturale impulso alla distruzione: la guerra ha infatti inizio soltanto nell'era neolitica, vale a dire quando c'è qualcosa di cui valga la pena di impossessarsi e gli uomini hanno plasmato la loro esistenza in comune in forma tale da poter inventare la guerra come istituzione e così assalire altri in possesso di qualcosa che essi vogliono avere. Di solito, la guerra è giustificata da complicate spiegazioni. «Siamo minacciati!», è il pretesto cui si fa di solito ricorso. In realtà, le cause della guerrra erano e sono di tutt'altro tipo, e per lo più facilmente identificabili.

Dobbiamo alla sovrabbondanza relativa, questo portato dell'era neolitica, insieme la cultura da un lato, e dall'altro la guerra e lo sfruttamento dell'uomo da parte dell'uomo. Da allora, l'essere umano è vissuto in una sorta di zoo, e ne consegue che l'intera nostra psicologia, che si fonda sull'osservazione dell'uomo, è paragonabile a quello stadio dello studio del mondo animale in cui la conoscenza della bestia si basa sulle cognizioni che abbiamo degli animali in un giardino zoologico, non già degli animali in libertà. Ma proprio la psicologia ha reso evidente che gli animali ospiti del giardino zoologico si comportano in maniera sostanzialmente diversa da quelli allo stato selvatico. Solly Zuckerman ha avuto modo di osservare, allo zoo di Regents Park a Londra, il comportamento aggressivo dei babuini, in un primo momento ipotizzando che esso si radicasse nella natura stessa di tali scimmie. Poi però è risultato che altri ricercatori avevano osservato gli stessi primati allo stato selvatico, costatando che erano assai meno aggressivi. La condizione di prigionia, la noia, la limitazione della libertà, sono tutti elementi che contribuiscono all'accentuazione dell'aggressività, cosa che invece non si verifica in situazioni naturali.

Mi premeva sottolineare come sia l'uomo sia l'animale in cattività si comportino diversamente che in libertà. Ma per l'essere umano in seguito alla prima rivoluzione industriale si è determinata una situazione nuova, la quale in effetti era andata delineandosi durante il Rinascimento: all'improvviso, la forza *meccanica* ha sostituito l'energia di animali e uomini, cioè l'energia naturale. È la macchina a produrre quell'energia che in precedenza doveva essere fornita da esseri viventi, e in pari tempo nasce la speranza di poter produrre, a patto di riuscire a sfruttare a fondo l'energia in questione, una sovrabbondanza per tutti gli uomini, non soltanto per una minoranza.

Alla prima ha fatto ben presto seguito quella che si usa chiamare seconda rivoluzione industriale, e che è caratterizzata dalla sostituzione a opera delle macchine, non soltanto dell'*energia* umana, ma anche del *pensiero* umano. Intendo riferirmi alla cibernetica, l'uso cioè di macchine che guidano sia la produzione che altre macchine, e grazie al quale le potenzialita produttive sono state a tal punto moltiplicate, che è lecito prevedere – sempreché prima non si scateni una guerra o l'umanità non venga decimata da carestie o epidemie – la possibilità di ottenere, mediante le nuove tecniche produttive, una sovrabbondanza assoluta; e allora l'intera umanità non dovrà più vivere nella miseria, nella penuria, ma potrà godere di uno stato di "buona" sovrabbondanza – una sovrabbondanza non superflua bensì superfluente, tale da liberare gli uomini dalla paura della fame e dalla paura di minacce.

Ma questa società moderna ha dato vita in pari tempo a qualcosa d'altro che prima non esisteva: essa produce non solo merci ma anche bisogni. Che cosa intendo dire? Gli uomini hanno sempre avuto bisogni: sempre hanno voluto mangiare e bere, vivere in belle case, eccetera. Ma basta guardarsi attorno per accorgersi che la pubblicità e l'imballaggio assumono importanza sempre maggiore. I desideri degli uomini non promanano esclusivamente da loro stessi, ma vengono promossi e guidati dall'esterno, con la conseguenza che anche chi vive agiatamente si sente povero al cospetto dell'abbondanza di offerte di cui può e deve approfittare. Indubbiamente l'industria riuscirà a produrre bisogni che a sua volta potrà e dovrà soddisfare, se vuole continuare a sussistere secondo il principio attuale, se in altre parole sarà orientata verso l'ottenimento di profitti. Il nostro odierno sistema economico si fonda sulla massimalizzazione della produzione e del consumo, mentre l'economia del secolo scorso si basava ancora sulla massimalizzazione del risparmio. Quello che ai nostri padri appariva come un peccato, vale a dire acquistare qualcosa per cui non si aveva ancora il denaro, oggi è considerato una virtù. E viceversa, chi non ha bisogno, chi non acquista a credito, chi si limita a comprare lo stretto necessario, appare poco meno che politicamente sospetto, viene considerato un tipo strano. In America, chi non possiede un televisore è un emarginato: è una persona non del tutto normale. A che cosa porterà tutto questo? A mio giudizio, l'aumento sfrenato dei consumi avrà come conseguenza la nascita di un tipo d'uomo che fa proprio un ideale, anzi quasi una nuova religione: la religione del paese di Bengodi. Se ci si chiede come l'uomo moderno si immagini il paradiso, è facile costatare che non si aspetta di trovarvi, come invece i maomettani, tante belle fanciulle,(speranza che del resto risponde a un punto di vista decisamente maschilista), ma che se lo immagina piuttosto come un enorme magazzino in cui ci sia di tutto, e dove sempre si disponga di denaro sufficiente per comprare tutto, possibilmente anzi un pochino di più del proprio vicino. Perché ciò che importa è convalidare la sensazione che si ha molto; e se si vuole essere il migliore, bisogna avere il massimo.

La questione, se non si possa ritenere di avere già abbastanza, viene nullificata da un aumento addirittura delirante della produzione e del consumo, e sebbene moltissimi partecipanti a questo sistema economico abbiano molto di più di quanto occorra, ai loro stessi occhi appaiono poveri perché non possono tenere il passo con il ritmo di produzione in massa delle merci. Il risultato è un rafforzamento della passività oltre che dell'invidia e della brama, accompagnato da un sentimento di debolezza interiore, di insufficienza. L'uomo sperimenta se stesso soltanto in base a ciò che *ha*, non in base a ciò che *è*.

4

La crisi dell'ordine patriarcale

Lo si è visto: il consumismo crea un clima di superfluità, di eccesso e nausea, ed è un problema strettamente connesso alla crisi del mondo occidentale, la quale però resta ignota ai più dal momento che ci si interessa, non tanto alle cause, quanto ai sintomi. Intendo riferirmi alla crisi della struttura sociale patriarcale-autoritaria.

Che cosa intendo con questo termine? Per rispondere, dovrò riferirmi a uno dei massimi pensatori del XIX secolo, lo studioso svizzero Johann Jakob Bachofen, il primo che abbia sistematicamente richiamato l'attenzione sui due diversissimi principi strutturali che stanno alla base delle società: quello matriarcale, ginocratico, e quello patriarcale. Qual è la differenza?

Nella società patriarcale quale ci è nota dall'Antico Testamento e da Roma a oggi, è il padre il padrone e il signore della famiglia. E se dico padrone, il termine va inteso in senso assolutamente letterale, perché in origine, secondo il primitivo diritto patriarcale, moglie e figlio sono proprietà del *pater familias* esattamente come lo schiavo o il bestiame: il *pater familias* può disporre a suo piacimento. Se ora si pone mente all'odierna gioventù, si avrà l'impressione di essere lontanissimi da quest'antico diritto, e d'altra parte non va dimenticato che il principio patriarcale ha avuto e ha corso nel mondo occidentale, in forma più o meno rigida, da circa quattromila anni a questa parte.

Nella società matriarcale accade invece il contrario. La persona cui si riserva il massimo rispetto, e a proposito della quale non si può esattamente parlare di dominio perché costituisce piuttosto l'indiscusso perno del gruppo, è la madre, la figura materna. Tra l'amore paterno e l'amore materno, grande è la differenza: una differenza che ha enorme significato. L'amore paterno è sempre, per sua essenza, un amore condizionato, che dipende dal rispetto di certe premesse. E vi prego di considerare che parlando di amore paterno non intendo riferirmi a quello del padre X o del padre Y, bensì all'amore paterno in generale, a quello che Max Weber avrebbe definito «tipo ideale». Il padre ama soprattutto il figlio che risponde alle sue aspettative e alle sue esigenze, e il figlio in questione sarà anche il più adatto a essere il successore e l'erede del padre. È propria della struttura patriarcale l'esistenza di un figlio prediletto che di solito, anche se non necessariamente, è il primogenito. Scorrendo le pagine dell'Antico Testamento, ci si imbatte di continuo nella figura del figlio prediletto, quello cui va soprattutto il favore del padre, il «prescelto», l'«eletto». Il figlio prediletto piace al padre perché gli obbedisce.

Non così stanno le cose nella struttura matriarcale. La madre ama in eguale misura tutti i suoi figli, in quanto tutti senza eccezioni frutti del suo seno e tutti bisognosi del suo aiuto. Se una madre nutrisse il proprio piccolo soltanto nella misura in cui questi le piace e le obbedisce, gran parte dei bambini morrebbero. Ed è ben noto che un lattante non fa mai quello che la madre vuole. Se la madre fosse mossa da amore patriarcale, si assisterebbe alla fine, biologica, fisiologica, della specie umana. La madre ama il figlio semplicemente perché è figlio suo, ragion per cui nella società matriarcale non sussiste una gerarchia, ma vige uguale amore per tutti i bisognosi di aiuto.

Ecco, sintetizzata al massimo, la concezione di Bachofen. Va aggiunto che nella società patriarcale il principio supremo è lo stato, la legge, l'astrazione, mentre nella società matriarcale il principio supremo è costituito dai legami naturali, quelli che legano tra loro gli uomini, legami che non devono essere pensati e istituiti perché semplicemente e naturalmente esistono. Chi si prenda la briga di leggere l'*Antigone* di Sofocle, vi troverà tutto ciò cui ho testé accennato, naturalmente in maniera assai più articolata e attraente. Il tema dell'*Antigone* è la lotta fra il principio patriarcale, incarnato da Creonte, e il principio matriarcale rappresentato da Antigone. Agli occhi di Creonte, importanza suprema ha la legge dello stato, e chi la infrange deve essere ucciso; Antigone invece fa propria la legge del sangue, dell'umanità, della compassione, che a nessuno è lecito infrangere perché è la legge suprema. Il dramma si conclude con la sconfitta del principio che noi oggi definiremmo fascista. Creonte è infatti rappresentato quale un tipico capo fascista che crede in un'unica cosa: il potere, lo stato, al quale l'individuo deve assoggettarsi senza residui.

Nel contesto rientra anche la religione. Quella dell'Occidente è, a partire dal Vecchio Testamento, una religione patriarcale. Dio viene concepito come suprema autorità alla quale bisogna obbedire, a differenza a esempio del buddismo, in cui non esiste una siffatta istanza autoritaria. Strettamente collegata alla società patriarcale è l'idea della coscienza come autorità introiettata. Freud parlava di super-io, intendendo con questo l'introiezione delle ingiunzioni e proibizioni del padre. Se tralascio di far qualcosa, non è perché il padre mi dice: «non puoi farlo», bensì perché ho inglobato in me il padre, ed è il «padre dentro di me» che prescrive e proibisce. In sostanza, però, la validità di quest'ingiunzione o proibizione si fonda sul padre, e puntualissima è la descrizione che Freud fornisce della coscienza dell'uomo nella società patriarcale; ha invece sbagliato descrivendo la coscienza in sé e trascurando il nesso con la società. Infatti, nella società non patriarcale si danno tutt'altre forme di coscienza. Non posso soffermarmi su quest'aspetto, e devo limitarmi a osservare che alla coscienza autoritaria si contrappone una coscienza umanistica, la quale ha radici nell'uomo stesso e lo rende edotto di ciò che per lui, per il suo sviluppo, per la sua crescita, è buono e raccomandabile. È una voce spesso molto sommessa e alla quale di rado si presta orecchio. Ma nell'ambito degli studi psicologici come fisiologici, numerosi ricercatori hanno rilevato le tracce dell'esistenza di qualcosa che si potrebbe definire «coscienza della salute», una sensibilità per ciò che è bene, e quando l'uomo obbedisce a questa sua voce non presta orecchio alla voce di un'autorità estranea. La sua propria voce lo indirizza alla meta che è presente allo stato potenziale, fisicamente e psichicamente, nel suo organismo, e gli dice: questa è la strada giusta, quella è la strada sbagliata.

Sono tutti elementi che bisogna tener presenti a proposito dell'attuale crisi dell'ordine patriarcale-autoritario. Ed eccoci allora di fronte a una situazione assai particolare. Qui in occidente siamo coinvolti in un processo di dissoluzione dei rapporti tradizionali. E questa dissoluzione, questa crisi, come ho già accennato ha a che fare con il problema del superfluo. Cerco di spiegarmi meglio. Quanto più l'uomo deve rinunciare, tanto più deve essere addestrato all'obbedienza perché non abbia a ribellarsi all'imperativo della rinuncia, la quale gli viene imposta come una necessità voluta da Dio oppure dallo stato o dalla legge o da chicchessia, e ritenuta razionale. Se non ci fosse l'obbedienza indiscutibile, gli uomini potrebbero rendersi conto di non avere nessuna voglia di continuare a rinunciare; ma proprio questo sarebbe il pericolo sommo per l'ordine sociale i cui elementi strutturali fondamentali sono la rinuncia e l'obbedienza. La società non potrebbe più sussistere così com'è, se i comportamenti basati sulla rinuncia e l'obbedienza non venissero profondamente radicati mediante opportuni meccanismi psicologici e istituzionali. Ma, se il superfluo cresce, ineluttabilmente diminuisce la certezza circa la necessità della rinuncia e dell'obbedienza. Perché infatti bisogna assoggettarsi a un'autorità che esige rinuncia e obbedienza? Non si può forse avere quasi tutto ciò che si desidera? È questo uno dei motivi della crisi.

Un altro movente va ricercato nella nuova tecnica produttiva. Durante la prima rivoluzione industriale nel XIX e ancora all'inizio del nostro secolo, quando si lavorava con macchine antiquate, il lavoratore doveva soprattutto obbedire, perché soltanto con il suo lavoro era in grado di preservare i propri familiari dalla fame. In parte almeno, l'obbligo dell'obbedienza ancora sussiste, ma ora tutto è sottoposto a un rapido mutamento in quanto la tecnica produttiva sempre più si distacca dalle tecniche meccaniche tradizionali per far propri i principi della cibernetica, con la conseguenza che la forma di obbedienza autoritaria richiesta all'operaio nel secolo scorso non è più necessaria. Oggi ha corso il *teamwork*, si ha a che fare con apparecchiature che per lo più sono in grado di correggere automaticamente i propri errori, e l'antica obbedienza viene sostituita da una disciplina che non richiede più la sottomissione. In un certo senso, con la macchina cibernetica si gioca come se si fosse impegnati in una partita a scacchi. Questa è un'esagerazione, certo; è indubbio però che l'atteggiamento verso la macchina ha subito una sostanziale modificazione, che il semplice rapporto tra superiore e inferiore è sempre meno diffuso e che si va imponendo uno stile di collaborazione, di interdipendenza. Non si tratta però di quella situazione idillica e tutta positiva che tanto spesso ci viene presentata e che, sia detto per inciso, potrebbe risultare anche dalle mie parole. Non affermo che la moderna tecnica produttiva affranchi dall'alienazione e contribuisca all'autonomia, volevo solo richiamare l'attenzione sui grandi cambiamenti in corso.

Un ulteriore movente della crisi della struttura patriarcale-autoritaria va a mio giudizio individuato nella rivoluzione politica. A partire da quella francese, abbiamo assistito a una serie di rivoluzioni le quali non hanno mai realizzato ciò che promettevano e si proponevano, ma che tuttavia hanno scosso le preesistenti situazioni, mettendo soprattutto in discussione i rapporti autoritari. L'obbedienza, e tanto più l'obbedienza cieca, l'obbedienza «da cadavere», senza la quale l'ordine feudale non avrebbe potuto sussistere, lentamente ma sicuramente viene minata. Già l'evidenza di una rivoluzione non del tutto fallita ma almeno in parte coronata da successo, costituisce la riprova che la disobbedienza può vincere.

Secondo la morale autoritaria, in effetti si dà un unico peccato, la disobbedienza; e un'unica virtù, l'obbedienza. Non che questo lo si ammetta esplicitamente, se non forse in certi circoli reazionari, ma in sostanza dietro l'educazione, dietro l'imposizione dei valori, si nasconde pur sempre la persuasione che la disobbedienza costituisca il peccato originale.

Per convincersene, basta leggere il Vecchio Testamento: quello commesso da Adamo ed Eva non era, in sé e per sé, un male; al contrario, essi non hanno fatto che mangiare un frutto dell'albero della conoscenza, con quest'atto aprendo la strada al divenire umano. Hanno però disobbedito, e la disobbedienza è stata loro attribuita, per tradizione, appunto quale peccato originale ed ereditario. Ed effettivamente, nella struttura patriarcale la disobbedienza è il peccato per eccellenza. Ma con la crisi, con il crollo e la messa in discussione della struttura patriarcale, anche il concetto di peccato diviene assai sfumato. Ritornerò più avanti sull'argomento.

Accanto alla rivoluzione della borghesia e alla rivoluzione dei lavoratori, ne è in corso un'altra di grandissima importanza: la rivoluzione delle donne, la quale può magari assumere forme bizzarre, ma innegabilmente ha comportato enormi progressi. Al pari dei figli, le donne erano un tempo oggetti e proprietà degli uomini; oggi le cose sono cambiate. Certo, nei confronti degli uomini continuano a essere svantaggiate, per esempio in fatto di compensi. Ciò non toglie che la loro posizione e la loro consapevolezza si siano notevolmente rafforzate. E tutto sembra far credere che la rivoluzione delle donne sia destinata a continuare, esattamente come la rivoluzione dei giovani e quella dei bambini, e porterà al riconoscimento, all'articolazione e alla rivendicazione dei loro diritti.

L'ultimo, ma a mio giudizio più importante movente della crisi della società patriarcale-autoritaria, è costituito dal fatto che a partire dalla metà del nostro secolo molti, soprattutto tra i giovani, hanno avuto modo di costatare che questa società è incompetente. Certo, mi si potrà obiettare che abbiamo sott'occhio favolose realizzazioni, che la tecnica ha reso possibile l'impensato; ma è solo una faccia della medaglia, l'altra essendo costituita dal fatto che questa società ha dimostrato la propria incapacità di evitare due grandi guerre e molti altri conflitti, e anzi ha permesso o addirittura favorito uno sviluppo suscettibile di portare al suicidio dell'umanità. Mai prima nella storia ci si è trovati esposti a una possibilità di distruzione pari all'odierna, ciò che rivela un'incredibile incompetenza che non può essere mascherata da nessuna perfezione tecnologica.

Se una società del superfluo si permette spedizioni sulla luna ma non è in grado di opporsi al pericolo di distruzione totale, non può in nessun modo sfuggire all'accusa di incompetenza. E incompetente si mostra nei confronti dei disastri ecologici che minacciano l'esistenza di tutti. In India, in Africa, in tutte le regioni non industrializzate del mondo, la fame è un flagello sempre presente, al quale si risponde null'altro che con qualche discorso o gesto di buona volontà. Noi sprechiamo e ci lasciamo vivere come se non avessimo abbastanza buon senso da vedere le conseguenze. Ed è a questa mancanza di competenza che si deve se la fiducia delle giovani generazioni nei nostri confronti giustamente diminuisce. Voglio dire che, nonostante tutti i meriti della nostra società con i suoi successi, l'incapacità a risolvere i problemi fondamentali di cui dà prova ha contribuito in larga misura a minare la credibilità della struttura e dell'efficacia della società patriarcale-autoritaria.

Prima di passare alle conseguenze della crisi testé descritta, vorrei sottolineare che la società del superfluo esiste, com'è ovvio, solo in parte anche in ambito occidentale, tant'è che persino negli Stati Uniti quasi il 40% della popolazione vive *al di sotto* di quel livello che è definito sufficiente. In effetti, si hanno due strati sociali, uno dei quali vive nella sovrabbondanza, mentre si preferisce passare sotto silenzio la povertà dell'altro. All'epoca di Lincoln si distingueva tra libertà e schiavitù, mentre oggi dobbiamo distinguere tra sovrabbondanza superflua e penuria.

Tutto quanto ho finora detto a proposito dell'*homo consumens*, non vale per la popolazione che vive in stato di miseria, sebbene questa sia affascinata dal meraviglioso spettacolo di coloro che campano nel lusso e conducono un'esistenza paradisiaca. I poveri sono le comparse nello spettacolo dei ricchi, e questo vale per le minoranze, negli Stati Uniti dunque segnatamente per i cittadini di colore, vale per il mondo intero, vale a dire per quei due terzi dell'umanità, che mai hanno avuto modo di profittare della forma sociale patriarcale-autoritaria, indiani, cinesi, africani e via dicendo. Per cogliere il giusto rapporto tra maggioranze autoritarie e non autoritarie, dobbiamo tenere presente che la società del superfluo non è più predominante come prima ma si trova di fronte a tradizioni affatto diverse e a forze nuove, con le quali dobbiamo e sempre più dovremo fare i conti.

5

Il fiasco della religione

Alla domanda se credono in Dio, gran parte degli uomini risponderebbero affermativamente; la frequentazione delle chiese continua a essere pur sempre notevole e la dichiarazione di ateismo una rarità. D'altro canto, non si può negare che la religione è stata coinvolta dalla crisi della struttura sociale patriarcale-autoritaria. Né mancano i teologi i quali riconoscono esplicitamente che la religione quale ci è nota si trova in stato di agonia, coinvolta in un processo che dura da secoli ma che in tempi recenti è andato accelerandosi.

Siccome la religione aveva una duplice funzione, duplice è anche il suo fallimento. A quella per noi familiare, basata sostanzialmente sulla tradizione giudaico-cristiana, spetta infatti sia la funzione di una spiegazione della natura, sia quella di un complesso di principi morali, cioè di un'etica. Le due funzioni non hanno nulla in comune: la spiegazione della natura è una cosa affatto diversa dai principi morali e dal loro valore. In origine, tuttavia, esse non erano scisse, e questo per tutta una serie di ragioni. Innanzitutto, l'idea della creazione del mondo a opera di un Dio identificato con la suprema intelligenza, sapienza e potenza, costituiva un tempo un'ipotesi davvero grandiosa, decisamente razionale; e anche se oggi il darwinista convinto si immagina lo sviluppo del mondo e dell'uomo quale conseguenza della selezione naturale o della mutazione, resta il fatto che l'idea di Dio come creatore è assai più facilmente comprensibile e accettabile che non quella per cui l'uomo, quale oggi appare, sarebbe il prodotto di uno sviluppo autonomo durato centinaia di milioni di anni, affidato in un certo senso al caso oppure determinato da principi sottesi alle leggi della selezione. La spiegazione che Darwin fornisce della natura appare del tutto logica e plausibile, ma ciò non toglie che essa sia rimasta estranea alla nostra coscienza.

L'uomo ha infatti sempre sentito il bisogno, anche nelle epoche più primitive, di farsi un'immagine del mondo e della sua genesi. Antichissima è, per esempio, la concezione della genesi secondo cui un personaggio viene ucciso, e dal suo sangue sparso nascono gli uomini o meglio i più coraggiosi di essi. Perché i vili e le donne non sorgono dal sangue, bensì dalla carne delle gambe dell'essere in questione. È in fin dei conti l'antica versione della teoria di Konrad Lorenz secondo il quale l'istinto di uccidere, la sete di sangue, sarebbe innata nell'uomo; va però notato che coloro che credono a codesto mito, benevolmente hanno risparmiato la sete di sangue alle donne, sia pure gettandole nello stesso calderone con i vigliacchi. E a tutt'oggi le cose non sono granché cambiate; stando infatti ai pregiudizi della società patriarcale, le donne hanno scarsa consapevolezza, sono più vanitose, meno coraggiose e meno realistiche degli uomini. Affermazioni notoriamente infondate: in molti casi si potrebbe anzi capovolgerle. Alla stragrande maggioranza delle donne, è ben noto che un uomo quand'è malato si comporta malissimo, che è assai più sensibile al dolore e più insicuro della donna. Ma non lo si dice apertamente per mantenere in vita la leggenda. In sostanza, si ritrova qui la stessa situazione della propaganda razzista: ciò che i bianchi dicono a proposito degli uomini di colore, equivale assai spesso alle affermazioni degli uomini a proposito delle donne. Lo stesso Freud sosteneva che le donne sono meno coscienti degli uomini, sebbene sia difficilmente concepibile come si possa avere *ancor* meno coscienza di questi. Sono idee che fanno il paio con le affermazioni propagandistiche sull'inferiorità del nemico, correnti anche là dove un gruppo ne domini un altro, e debba pertanto fare in modo che la consapevolezza di questo resti sempre soffocata perché non abbiano a verificarsi ribellioni.

Ho voluto fare solo un breve inciso, una nota a piè di pagina a una delle funzioni della religione, quella di spiegazione della natura. Da questo punto di vista, tutto è andato a gonfie vele fino a

Darwin. Poi, però, si è scoperto che ci si può spiegare la genesi del mondo, l'origine dell'uomo, in maniera razionale e scientifica anche senza ricorrere al concetto di un creatore, in altre parole secondo le leggi dell'evoluzione. Ma questo, come ho già detto, il profano riesce a concepirlo con maggior difficoltà dell'idea di Dio, anche se per la scienza la genesi del mondo non deve più essere un enigma. Alla luce della teoria dell'evoluzione, «Dio» si riduce a un'ipotesi di lavoro, e il racconto della creazione del mondo e dell'uomo a un mito, a una favola, a un simbolo, che esprime, sì, qualcosa, ma non certo una verità scientifica.

Da quando gli uomini non si sono più lasciati sedurre dalla pretesa della religione di spiegare la natura, la religione stessa è come se avesse perduto una gamba: le è rimasta soltanto la funzione di assertrice di postulati morali. «Ama il prossimo tuo», «ama l'estraneo», come si dice nel Vecchio Testamento. «Ama il tuo nemico», come si ingiunge nel Nuovo Testamento; «da' al povero la tua ultima camicia» – già, ma se si prendono sul serio simili esortazioni, come poi si fa a essere un uomo di successo nella società moderna? Si fa la figura degli sciocchi, anziché salire in alto si scende in basso. L'etica della Bibbia viene predicata ma non messa in pratica. E così accade che si corra su un duplice binario: l'altruismo viene esaltato, e con esso l'amore per i propri simili, ma la spinta al successo impedisce la pratica di tali virtù. A questo punto devo tuttavia aggiungere che a mio giudizio si può essere benissimo un buon cristiano o un buon ebreo, e dunque un uomo capace di amore, senza ridursi alla fame nell'ambito della nostra società; tutto dipende dal livello di competenza che si ha, dal coraggio civile necessario per restare fedeli alla verità e all'amore anziché sacrificare il proprio io alla carriera.

È comunque un fatto che la morale del cristianesimo o del giudaismo è inconciliabile con quella del successo, della mancanza di scrupoli, dell'egoismo, del rifiuto a dare, a condividere con gli altri. Ma non occorre che su questo mi dilunghi: ognuno se ne rende conto non appena si pone la questione. Senza contare che il duplice binario è stato già abbondantemente descritto e criticato. Insomma, l'«etica» praticata nel capitalismo moderno ha amputato anche l'altra gamba alla religione, la quale non può più proporsi quale rappresentante di valori, dal momento che non le si fa più credito neppure di questa funzione. È così accaduto che Dio abbia dato le dimissioni, non solo come creatore del mondo, bensì anche come promulgatore di valori quali l'amore per il prossimo e il superamento della brama di possesso. Si direbbe però che l'uomo non possa o non voglia stare del tutto senza religione. L'uomo non vive di solo pane: deve avere una visione, una fede capace di attrarne l'interesse, di elevarlo al di sopra di un'esistenza meramente animale. Una ricaduta nell'antico paganesimo con relativa credenza negli idoli, al momento attuale non sarebbe molto producente. Ritengo d'altra parte di poter affermare che nel nostro secolo sta prendendo forma una nuova religione che vorrei definire «religione della tecnica».

Essa si presenta sotto un duplice aspetto, da un lato quello di paese di Bengodi, quale promessa di una soddisfazione illimitata, senza ostacoli di sorta, dei bisogni. I quali vengono di continuo prodotti, non hanno fine, e l'uomo aspetta, come un eterno lattante, a bocca aperta, di essere alimentato in misura sempre più abbondante. Il paradiso è la prospettiva dell'assoluto godimento, della falsa sovrabbondanza, quella che rende passivi e pigri. Obiettivo della tecnica è l'eliminazione della fatica.

L'altro aspetto di questa religione della tecnica è più complesso. Dal Rinascimento in poi, il pensiero dell'uomo si è rivolto alla penetrazione e comprensione dei segreti della natura, i quali però erano anche, in parte almeno, i segreti del creatore della natura. E per quattrocento anni l'uomo si è sforzato di svelare i segreti della natura per potersene impadronire. L'intenzione recondita era quella di non limitarsi a osservare e contemplare la natura e il mondo, bensì di farli propri. Dovrei dire, con una formulazione estremistica (ma è difficile trovare quella esatta): l'uomo voleva farsi a sua volta Dio. Ciò che era stato possibile a Dio, doveva essere possibile anche a lui. E ritengo che lo spettacolo dell'entusiasmo che ha salutato la prima discesa di un astronauta sulla luna è stato un evento di carattere paganamente religioso, un primo passo lungo la strada che dovrebbe portare l'uomo a diventare Dio e a superare i propri limiti. Anche su fogli cristiani, in quell'occasione si poteva leggere l'affermazione, che quello era il più grande evento dalla creazione del mondo. Per chi sia cristiano, è alquanto imprudente sostenere che, dopo la creazione, si è verificato qualcosa di più importante dell'incarnazione di Dio; ma in quel momento lo si è dimenticato, si è creduto davvero che l'uomo avesse superato le leggi della propria limitatezza, che si fosse affrancato dal gravame terreno e che avesse imboccato il sentiero dell'infinito.

Quanto ho detto potrà sembrare esagerato; il mio intento è però di richiamare l'attenzione su tendenze non ancora completamente emerse. L'entusiasmo isterico per la discesa sulla luna costituisce solo un plauso al successo della scienza? Non credo. Ci sono scoperte scientifiche ben più importanti, che però non suscitano nessun entusiasmo, e questo significa che nel caso specifico è avvenuto qualcosa di nuovo, che si è manifestata una nuova forma di idolatria, che la tecnica è divenuta il nuovo Dio oppure che l'uomo si crede divenuto a sua volta Dio; e gli astronauti sono i sommi sacerdoti di questa religione, donde l'ammirazione di cui son fatti oggetto. Ma non lo si vuole ammettere: si è cristiani? Si è ebrei, o per lo meno non pagani? Ed ecco allora che si vela, che si razionalizza la realtà. Ma dietro questo gioco a nascondino a mio avviso sta prendendo davvero forma una nuova religione in cui la tecnica diviene la grande madre capace di nutrire e soddisfare tutti i suoi figli. Situazione confusa, lo so bene; ma confusi sono anche i moventi sottesi a questa nuova religione, la quale comunque non proclama principi morali, eccezion fatta per uno: bisogna fare ciò che è tecnicamente possibile. La possibilità tecnica assurge a imperativo morale, a fonte stessa dell'etica.

Dostoevskji ha affermato che, morto Dio, tutto è permesso, poiché secondo lui la morale che aveva avuto corso fino ad allora si basava sul riconoscimento di Dio. Ma se l'uomo non crede più in Dio, questo cessa di essere una realtà che ne impronta il pensiero e l'azione, e allora l'uomo non diventa per caso affatto amorale, non perde la capacità di orientarsi secondo principi etici? È una domanda che va presa molto sul serio. E, a voler essere pessimisti, si può ben dire che le cose stanno effettivamente così e che la nostra morale sprofonda. Esistono cospicue differenze tra ieri e oggi. A esempio, nel 1914 si rispettavano ancora due norme di valore internazionale: in guerra non si uccidevano i civili e non si torturavano i propri simili. Oggi, al contrario, ogni conflitto comporta il massacro di civili perché non si ammettono più limitazioni all'uso della violenza, e del resto la tecnica non permetterebbe differenziazioni del genere. Essa uccide anonimamente, mediante la pressione di un pulsante; e, siccome il proprio simile resta invisibile, non si hanno spinte alla compassione, alla partecipazione. Come se non bastasse, oggi si tortura. Tutti lo negano, ma che avvenga è universalmente noto. La tortura è un diffuso strumento per procurarsi informazioni, ed è incredibile il numero di paesi in cui la si pratica.

Forse non è lecito affermare che la crudeltà è in aumento, e d'altra parte è innegabile che lo spirito umanitario sta scemando e con esso i freni morali, e questo ha comportato un grande mutamento in tutto il mondo. Contemporaneamente, però, nuovi principi morali si sono affermati soprattutto tra le giovani generazioni, sotto forma di lotta per la pace, per la vita, contro la distruzione e la guerra. E non si tratta di vuote frasi, bensì del fatto che molti giovani (ma non solo giovani) intravedono altri, più elevati valori e obiettivi. Milioni di essere umani hanno acquistato maggiore sensibilità verso la distruzione di vite praticata in modi diversi, verso guerre inumane che non servono neppure all'autopreservazione. E si profila anche una nuova morale dell'amore che si contrappone al consumismo, che qua e là assume magari forme caricaturali ma è pur sempre una vigorosa protesta contro altre forme e formule ormai vuote. Anche l'autosacrificio per ragioni politiche offre esempi di una nuova morale, come le numerose lotte di liberazione e le richieste di autodeterminazione.

Sono dunque in corso sviluppi incoraggianti, per cui ritengo che Dostoevskji avesse torto collegando i principi morali alla fede in Dio. Il buddismo costituisce uno splendido esempio del fatto che in certe culture si danno principi morali senza un fondamento autoritario-patriarcale, e che si sviluppano su quella che si potrebbe definire una base umana. In altre parole, l'uomo non può vivere, ma si smarrisce e cade in preda all'infelicità qualora ignori un principio suscettibile di fungere, per lui e i suoi simili, da guida nell'esistenza. Ed esso non può essergli imposto dal di fuori: l'uomo deve ricavarlo da se stesso. Non è questa la sede in cui soffermarsi sui molti aspetti del problema; come ho detto all'inizio, volevo semplicemente sottolineare che l'essere umano prova il bisogno, in lui profondamente radicato, di agire secondo morale. L'amoralità significa per lui perdita dell'armonia, dell'equilibrio; ed è amorale che, col pretesto della morale, gli venga predicato che deve uccidere, che deve obbedire, che deve fare unicamente i propri interessi, che la compassione sarebbe soltanto un ostacolo, e via dicendo. Se queste voci si fanno troppo clamorose, può accadere che la voce interiore della coscienza umanistica ne resti soffocata, e allora qualcuno può davvero convincersi che, morto Dio, tutto è permesso.

6

Contro i limiti della crescita umana

Nella crisi morale in cui attualmente ci si dibatte, alla giovane generazione spetta un ruolo particolare, e mi riferisco soprattutto agli elementi radicaleggianti tra i giovani adulti, dove per «radicale» non intendo designare coloro che così si definiscono e sembrano ritenere che il termine «radicalismo» valga a giustificare ogni sorta di violenza. Molti giovani sono semplicemente infantili anziché radicali, e Lenin si è già espresso in merito nel suo saggio sulla malattia infantile del comunismo.

Ma tra i giovani sono numerosi coloro i quali sono radicali, non solo quanto ad aspirazioni politiche, bensì da un punto di vista che presenta stretti nessi con la tematica della mia precedente conferenza, e cioè il rifiuto della morale autoritaria. È una ribellione che non ha di mira soltanto l'autorità (contro le autorità in ogni rivoluzione si è levata la protesta), bensì il principio patriarcale e la morale che in esso ha radici e fondamenta, e stando alla quale l'obbedienza è una virtù e la disobbedienza un peccato. Sulla scia di questa morale, si manifesta un fenomeno di notevole incidenza: l'uomo prova sensi di colpa quando non fa ciò che gli è stato comandato, non già ciò che dovrebbe fare secondo il proprio cuore, secondo il proprio sentimento, secondo la propria umanità, e questo perché è sottoposto a un ordine autoritario, ogni infrazione al quale deve pagare con sensi di colpa.

Ora, io ho l'impressione che sia l'affrancamento dai sentimenti di colpa, frutto della morale autoritaria, a caratterizzare gran parte delle giovani generazioni e ad attrarre loro le simpatie di molti, me compreso. Le giovani generazioni si sono sbarazzate del senso di colpa che per duemila anni è stato inoculato all'umanità occidentale secondo la tradizione giudaico-cristiana e che ha condizionato il nostro agire tramite l'angoscia frutto dell'allontanamento dalla norma; e l'hanno fatto senza per questo essere divenuti amorali. Al contrario, sono anzi alla ricerca di nuovi principi etici.

Va qui anche accennato a un'altra manifestazione che ritengo caratteristica delle giovani generazioni, ed è una nuova forma di sincerità. Al contrario di quanto accadeva alle generazioni precedenti, non ci si sente più obbligati a giustificarsi, a razionalizzare, a non chiamare le cose con il loro nome, e accade allora che a volte si faccia ricorso a espressioni che non hanno certo grande valore estetico e che possono indignare chi sia cresciuto secondo le convenzioni tradizionali. Ciò che conta è che si manifesta una nuova sincerità, ben diversa dall'insincerità tipica della struttura sociale borghese, patriarcale, e in forza della quale si deve sempre nascondere la ragione per cui ci si sente colpevoli, si deve far mostra di virtù, quasi non si ammettesse di essere uomini ai quali «nulla di ciò che è umano è estraneo», perché in tal caso ci si troverebbe già sull'orlo della disobbedienza. Ma ci si umanizza proprio perché si sa e si riconosce che la realtà dell'uomo racchiude in sé quanto di meglio e di peggio possa esserci. Anziché indignarsi per le nostre potenzialità negative, bisognerebbe vivere anche queste quale una parte del nostro essere uomini.

Mi sembra che Sigmund Freud abbia dato un notevole contributo a tale nuova rettitudine, inaugurando una forma nuova di sincerità. Prima di Freud, bastava che qualcuno affermasse le proprie «buone intenzioni»; ma da quando Freud ha scoperto e sistematicamente indagato l'inconscio, i buoni propositi non bastano più, l'interesse appuntandosi infatti ormai sui sottesi motivi inconsci. E si giunge così alla conclusione che è indifferente se qualcuno è consapevole delle proprie prave intenzioni o è tanto abile da razionalizzarle e da negarle a se stesso e agli altri. Può anzi darsi che chi è mosso da intenzioni davvero cattive dia prova di maggior sincerità di chi rimuove dalla propria coscienza i propri perfidi propositi, e riesce a realizzarli tanto più efficacemente proprio perché in grado di camuffarli da buoni e virtuosi.

Dopo Freud, l'uomo è posto di fronte all'evidenza che è responsabile, non soltanto della propria consapevolezza e delle proprie «buone intenzioni», bensì anche del proprio inconscio. A parlare per lui sono le sue azioni, non soltanto le sue parole, e può anzi accadere che le parole dicano poco o nulla. E la colpa di ciò non va attribuita al solo Freud, ma in pari misura alla costatazione che gli uomini erano terribilmente bugiardi, che si combattevano guerre e milioni di individui restavano uccisi o andavano volontariamente alla morte in nome di un «principio superiore» – e tutto questo in forza di menzogne, di parole d'ordine – ed è per questo che oggi dovremmo sempre meno lasciarci influenzare da ciò che i nostri simili *dicono*. Parole e pensieri sono a buon mercato e si prestano a essere «imballati» nelle forme più diverse. Ed ecco quindi i giovani chiedere non tanto: «Quali erano i tuoi propositi?», bensì, e sempre più spesso: «Come ti sei comportato? Quali erano i tuoi moventi?».

Ritengo che l'influenza di Freud, l'introduzione di una nuova sincerità, abbia un'incidenza ben maggiore, sullo sviluppo del mondo occidentale, della tanto proclamata «rivoluzione sessuale» la quale, posto che meriti il nome di rivoluzione, si sarebbe probabilmente verificata anche senza Freud in una società come la nostra, tutta volta al consumismo. Non si può infatti proporre all'uomo tutto ciò che soddisfa i suoi sensi, e in pari tempo imporgli l'astinenza sessuale. Nella società consumistica, è inevitabile che anche la sessualità diventi una merce di consumo che permette a parecchie industrie di prosperare, e molto è il denaro che viene speso per rendere attraente la sessualità. Rispetto ai tempi passati, è un cambiamento, non già una rivoluzione· un cambiamento che è ben difficile attribuire a Freud.

No, a meritare la definizione di nuovo in senso positivo, è il fatto che nelle giovani generazioni la sessualità non si ricollega più a sensi di colpa. Mi sia concesso soffermarmi brevemente su quest'aspetto. L'etica autoritaria definisce «peccaminosi» i desideri sessuali, così creando, com'è ovvio, una fonte inesauribile di sensi di colpa, al punto che è lecito affermare che ciascuno di noi, a partire dal terzo anno di età, è titolare di un enorme «deposito bancario» di sensi di colpa. Poiché l'essere umano qual è ha necessariamente desideri sessuali, è inevitabile che si senta colpevole quando i desideri stessi siano stigmatizzati. Le restrizioni imposte alla sessualità conducono a sensi di colpa, i quali a loro volta vengono sfruttati ai fini della giustificazione e del mantenimento dell'etica autoritaria.

Ma si direbbe che le giovani generazioni (e in parte anche le precedenti) si siano finalmente sbarazzate di codesti sensi di colpa; e si tratta di un progresso importantissimo. Va però subito aggiunto che non è tutt'oro quel che luccica. L'orientamento consumistico ha per effetto di trasformare sempre più la sessualità in un mascheramento della mancanza di intimità: l'alienazione viene vicariata dalla vicinanza dei corpi. Ma l'intimità fisica non basta certo a produrre intimità spirituale. Questa, che è l'effettiva intesa tra due esseri, può sì essere condizionata dall'intimità fisica, addirittura esserne una conseguenza e venirne di continuo confermata; ma non è affatto tutt'uno con essa. Proprio quando fa difetto l'intimità spirituale, riesce ovvio il ricorso all'intimità fisica come sostituto, cosa che, del resto non riesce certo difficile per chi rientri nella norma quanto ad aspetto ed esigenze.

Ho detto che le giovani generazioni non s'inchinano più all'ordine patriarcale e alla società consumistica; d'altra parte, anche i giovani sono vittime di una nuova forma di consumismo, riconoscibile per esempio nell'uso di droghe. Il ricorso alla droga accompagnato dalla propensione a una crescente dipendenza ha molti motivi, che vanno attentamènte studiati; ma è comunque e sempre anche espressione dell'*homo consumens* passivo, ignavo, che i figli criticano nei genitori ma che esiste anche in loro, sia pure sotto altre spoglie, e che li fa rientrare nella categoria degli esseri umani perennemente in attesa di qualcosa che provenga dall'esterno: droga, sessualità, ritmi che li ipnotizzano, li travolgono, li esaltano. E sono ritmi che non richiedono un'attività, ma li trascinano in una sorta di orgia, in uno stato di alterazione, in cui ci si dimentica, e dunque si è assolutamente passivi. L'uomo attivo invece non si dimentica, ma è e resta di continuo se stesso: diventa più maturo, più emancipato, cresce. L'uomo passivo, l'ho già detto, è l'eterno lattante. E in fin dei conti, poco importa *che cosa* consumi: è perennemente in attesa, a bocca aperta, del poppatoio che gli procura soddisfazione, senza cne debba muovere un dito, senza che debba far ricorso alle sue energie psichiche; e alla fine si ritrova stanco, spossato, sonnolento. Il sonno in cui finisce per sprofondare è spesso più uno stordimento, uno sfinimento frutto di noia, che una sana rigenerazione. Quanto dico potrà sembrare eccessivo, ma è certo che sono molti più di quanti si creda gli individui che cedono alla tentazione; i media produttori di bisogni ci rafforzano nella convinzione che la nostra cultura trovi la sua attuazione nel consumismo.

Dobbiamo ora chiederci se davvero, in questa nostra società della sovrabbondanza cattiva, della sovrabbondanza superflua che l'uomo non è in grado di digerire, che non contribuisce affatto alla sua vitalità, sia ancora possibile, almeno in via teorica, giungere a una sovrabbondanza buona. Cioè è possibile fare della sovrabbondanza, che tecnicamente siamo in grado di produrre, un uso in qualche modo positivo, produttivo, che vada a vantaggio dell'uomo e della sua crescita? Sì: è possibile se ci rendiamo conto che si tratta di aumentare e soddisfare quei bisogni che rendono l'uomo più attivo, più vivo, più libero, in modo che non sia impulso da passioni né esista semplicemente come qualcosa che reagisce a stimoli, ma che acquisti vitalità, che sia più deciso, che si mostri interessato a esplicare le forze in lui riposte e a vivificare, arricchire, dare slancio a se stesso e agli altri. Naturalmente, questo presuppone che sia il cosiddetto tempo libero, sia il tempo dedicato al lavoro vengano diversamente organizzati. Il nostro tempo libero è per lo più solo tempo di pigrizia, un tempo da cui spesso ricaviamo un'illusione di potenza semplicemente perché premendo un pulsante del televisore ci portiamo il mondo intero in casa, oppure saliamo a bordo di un'auto e scambiamo i cento cavalli del motore per nostra potenza. Di un effettivo tempo libero si dispone nella misura in cui si soddisfino bisogni che hanno radici nell'uomo e che portano allo sviluppo della sua attività. Il lavoro deve dunque cessare di essere monotono e noioso; e la questione dell'organizzazione del lavoro suona: come fare a renderlo interessante, stimolante, vivo?

A questo punto si pone la questione fondamentale dello scopo della nostra attività lavorativa. È nostro obiettivo promuovere produzione e consumo? Oppure esso consiste nell'espansione e nella crescita dell'uomo? Di solito si afferma che l'una cosa non può essere scissa dall'altra: ciò che è bene per l'industria è bene anche per l'uomo, e viceversa; e sembrerebbe la benefica idea di un'armonia prestabilita; in realtà, è solo un grossolano inganno. Non è difficile infatti dimostrare che molte cose che sono un bene per l'industria sono un male per l'uomo. Ecco, è questo oggi il nostro dilemma. Se continuiamo lungo la strada fin qui seguita, il progresso avverrà a spese dell'uomo, e dobbiamo dunque prendere una decisione. In termini biblici, dobbiamo scegliere tra Dio e Cesare. Affermazione che può sembrare retoricamente drammatica; ma, quando si parli seriamente di umana esistenza, non si può non essere drammatici. Ma non è il problema della vita e della morte che m'interessa, bensì quello di essere sempre più morti o sempre più vivi nel corso dell'esistenza. Ed è questo il punto: farsi più vivi, più pregni di vita. Né va dimenticato il peso dell'illusione, e la conseguenza è che si vive come se si fosse cessato di vivere o non si avesse neppure cominciato a farlo.

Secondo il detto popolare, dai quarant'anni in poi ognuno è responsabile del proprio volto, ciò che equivale ad affermare che bisogna conoscere la storia della propria vita, sapere se si è vissuti in maniera giusta o errata (non già dal punto di vista della morale, ma da quello del proprio irripetibile essere). Le più belle orazioni funebri con i loro elenchi di successi non bastano certo a mascherare la vera questione alla quale mai dovremmo sottrarci: siamo stati e siamo davvero viventi? Viviamo – o veniamo vissuti? Concordo con pensatori come Marx o Disraeli i quali vedevano nel lusso un male non minore della povertà, dove per lusso si intende esattamente quella che abbiamo definito sovrabbondanza superflua. Se però ci proponiamo come obiettivo, non già questa, bensì una sovrabbondanza benefica, apparirà chiaro che le nostre abitudini di pensiero e di vita devono subire un mutamento sostanziale. E d'altro canto non mi nascondo certo le enormi difficoltà che ostacolano una simile trasformazione.

Sono tuttavia persuaso che possa verificarsi soltanto in base all'intima esperienza del singolo, alla costatazione cioè che ha bisogno di più vita, di meno routine e di abolire la noia, e che le sue esigenze devono essere tali da renderlo più vitale e spontaneo, più libero e più lieto. Molti popoli, soprattutto quelli tecnicamente sottosviluppati, si illudono di poter raggiungere la felicità a patto di possedere tutto ciò di cui dispongono gli americani; ma proprio negli USA è altissimo il numero di coloro i quali si sono resi conto che il moderno confort, lungi dal rendere più felici, rende invece passivi, spersonalizzati e manipolabili. Non è certo un caso se la gioventù ribelle proviene in gran parte dalle classi medio-alte, incarnazione della sovrabbondanza superflua, che rende felici per lo più fantasticamente, a livello di immaginazione, non già nel profondo del cuore.

Mi sembra assolutamente indispensabile richiamare l'attenzione su un principio d'importanza fondamentale per l'arte di vivere, ed è che alla vita si abdica quando si abbiano di mira obiettivi contrastanti senza rendersi conto che sono tra loro inconciliabili e che si escludono a vicenda. È ben noto l'eloquente esempio del cane di Pavlov addestrato a provare appetito quando vede un cerchio, e a rifiutare il cibo quando vede invece un'ellisse; cerchio ed ellisse vengono poi accostati al punto che il cane non è più in grado di distinguere tra l'uno e l'altra, e in questa situazione conflittuale si ammala, rivela i classici sintomi della nevrosi: stato di angoscia, confusione e insicurezza.

Allo stesso modo, l'uomo s'ammala psichicamente quando persegua obiettivi conflittuali: perde il proprio equilibrio, la consapevolezza di sé, la capacità di compiere scelte, non sa più che cosa per lui sia bene o male. Dobbiamo dunque innanzitutto chiederci, senza infingimenti, se perseguiamo obiettivi conflittuali, e quali sono. E perché sono inconciliabili? Qual è il danno prodotto in noi dal conflitto? Sono domande alle quali non si può rispondere con vuote parole e tanto meno con la propaganda che fanatizza gli uomini, ma ogni singolo individuo dovrebbe tentare di tirare le somme, partendo dal presupposto che la vita è di breve durata, e dunque: chi siamo e che cosa vogliamo davvero? Se ci votiamo alla superfluità, che in fin dei conti genera povertà e penuria, soffocheremo la ricchezza che ci portiamo dentro e che aspira ad attuarsi. Dalla decisione a pro della sovrabbondanza buona o cattiva, dipende né più né meno che il futuro dell'uomo.

Le radici dell'aggressività

Non c'è da meravigliarsi se oggi si fa un gran discorrere dell'aggressività: ci siamo lasciati alle spalle guerre, scontri armati sono in atto, tutti temiamo il conflitto atomico per il quale le grandi potenze si armano. In pari tempo, gli uomini si sentono impotenti a mutare questa situazione; costatano che i governi con tutta la buona volontà almeno apparente non sono in grado di limitare o congelare la corsa agli armamenti. È pertanto comprensibile che da un lato si voglia sapere da dove venga l'aggressività, e dall'altro ci si mostri sensibili a teorie secondo le quali l'aggressività non sarebbe un prodotto dell'uomo, e i suoi fondamenti non andrebbero ricercati nelle condizioni sociali, bensì nella natura umana. È il punto di vista reso popolarissimo da un libro di Konrad Lorenz apparso qualche anno fa, *Il cosiddetto male. Storia naturale dell'aggressività*. Sostiene Lorenz che l'aggressività nasce sempre e spontaneamente nell'uomo, che si origina nel suo cervello, trattandosi di un'eredità dei nostri antenati animali, e che essa cresce, diviene sempre maggiore se non trova sfogo. Troverà modo di esprimersi se ne ha le occasioni, le quali però non devono essere insignificanti, o nulle, altrimenti l'aggressività si accumula e finisce per esplodere. E l'uomo non può fare altro che compiere atti aggressivi una volta che l'energia aggressiva si sia in lui accumulata oltre certi limiti. È una teoria che merita il nome di «idraulica», nel senso che, quanto maggiore è la pressione, tanto più alte sono le probabilità che si verifichi un'eruzione esplosiva dell'acqua o del vapore compressi. A illustrazione della teoria, Lorenz ha fornito un eloquente esempio, quello di una sua zia di Vienna che ogni sei mesi – accadeva, è ovvio in tempi andati – assumeva una nuova domestica; dapprima la zia ne era felice, entusiasta. Ma durava un paio di settimane, non di più, perché un po' alla volta l'entusiasmo scemava, la zia cominciava a essere insoddisfatta, vedeva solo i lati negativi della domestica, e dopo circa sei mesi la trovava talmente insopportabile, che la licenziava. La faccenda si ripeteva con regolarità suppergiù ogni semestre. Nelle intenzioni di Lorenz, l'esempio dovrebbe servire a dimostrare come l'aggressività vada lentamente accumulandosi e a un certo punto non possa che esplodere.

Ora, viste dall'esterno le cose stanno forse così. Ma se si conoscono gli uomini un po' meglio di Lorenz – il quale invece la sa assai lunga sugli animali –, ci si rende conto che la sua non è affatto una spiegazione valida. Uno psicoanalista, e non solo questi, ma gran parte degli uomini con un po' di sale in zucca, non mancheranno di costatare che la zia in questione è una donna quanto mai narcisista e sfruttatrice, la quale pretenderebbe, assumendo una domestica, di acquistare con il salario, non soltanto otto ore di lavoro al giorno, ma anche l'amore, la fedeltà, la dipendenza, la cordialità, magari quindici ore di sgobbo. La nuova domestica viene da lei fatta oggetto di grandi aspettative, nei suoi confronti all'inizio la zia assume atteggiamenti di disponibilità e di seduttività perché parte dal presupposto che questa dev'essere la volta buona. Ma, a un esame più attento, la domestica non risulta affatto la persona che lei s'attendeva, ed ecco allora la zia sempre più delusa, sempre più irritata, finché la caccia nella speranza che la prossima sia la domestica ideale. Che, a parte questo, con ogni probabilità la zia non abbia molto da fare, conferisce un risvolto drammatico alla sua esistenza. E la faccenda delle domestiche le fornisce qualcosa di cui parlare, è probabilmente l'argomento principale delle sue conversazioni con le amiche. Tutto questo non ha dunque nulla a che fare con un accumulo di aggressività, bensì con un particolare carattere. E io sono certo che almeno i più anziani tra gli ascoltatori conoscono, non uno, ma parecchi individui i quali, si tratti di domestiche o altro, in casi affini si comporterebbero esattamente allo stesso modo.

La teoria della pulsione innata all'aggressività, sui cui particolari non posso qui soffermarmi, è abbastanza simile all'altra, più antica, della pulsione di morte. A partire dagli anni venti, Freud, ha fatto proprio il presupposto che in ogni essere umano, in ogni cellula, in ogni sostanza vivente, siano all'opera due pulsioni: pulsione di vita e pulsione di morte. E questa seconda, *Thanatos*, come la chiamò Freud, si rivolgerebbe sia all'esterno, apparendo quale distruttività, sia all'interno, quale forza autodistruttiva che conduce alla malattia, al suicidio o, se mescolata a impulsi sessuali, al masochismo. La pulsione di morte sarebbe alcunché di innato nell'uomo. Non sarebbe determinata da circostanze, non sarebbe prodotta da nulla: l'uomo avrebbe soltanto la scelta tra indirizzare questo impulso di distruzione e di morte contro se stesso o contro altri, trovandosi pertanto di fronte a un dilemma quanto mai tragico.

In effetti, le teorie dell'aggressività innata da molti anni a questa parte sono state tutt'altro che confermate dagli scienziati che si sono occupati del problema. Anzi, non mancano psicologi i quali ritengono che l'aggressività sia il prodotto di condizioni sociali oppure che venga «guidata» da particolari stimoli, dalla cultura e via dicendo, vale a dire da tutta una serie di circostanze. Ma è stato tra il vasto pubblico che la teoria dell'aggressività di Lorenz ha trovato i più ampi consensi per i motivi che ho dianzi menzionato. Essa infatti fornisce una spiegazione tale per cui ci si persuade che ci sia ben poco da fare. In altre parole, la teoria fornisce una valida giustificazione: sì, tutti i pericoli, tutta l'aggressività che abbiamo sott'occhio, sono alcunché di innato nell'uomo. E che cosa può questi fare contro la propria natura?

Da sempre, due sono le opinioni correnti in merito: quella secondo cui l'uomo è per sua natura cattivo, distruttivo, con la conseguenza che la guerra è inevitabile, e inevitabile dunque anche un'inflessibile autorità, dal momento che gli individui devono essere sottoposti a controllo perché bisogna proteggerli dalla loro stessa aggressività. Secondo l'altro punto di vista, l'uomo è per sua natura buono, e a renderlo cattivo sono le condizioni sociali. Se queste vengono mutate, la cattiveria dell'uomo, la sua aggressività, può essere ridotta o eliminata del tutto. Entrambi i punti di vista comportano esagerazioni unilaterali. Quello secondo cui l'aggressività sarebbe naturale e innata tende a trascurare il fatto che ci sono state e ci sono epoche storiche, culture e individui, in cui l'aggressività è stata ed è assai ridotta. Se essa fosse innata, ciò non potrebbe verificarsi. D'altro canto, gli ottimisti, coloro che si opponevano e si oppongono alla guerra in nome della pace e della giustizia sociale, hanno spesso mostrato la tendenza, se non a negare l'incidenza e la forza dell'aggressività umana, per lo meno a sottovalutarla. Era questo l'atteggiamento dei filosofi dell'Illuminismo francese, e lo stesso punto di vista ottimistico lo si può cogliere ancora nell'opera di Karl Marx e nelle teorizzazioni dei primi socialisti.

Personalmente faccio mia, sotto questo riguardo, una terza posizione, che tuttavia è più vicina al secondo che non al primo dei suddetti punti di vista. Parto sostanzialmente dal presupposto che l'uomo sia assai più distruttivo e crudele dell'animale. L'animale non è sadico, non è nemico della vita, mentre la storia umana è una serie di incredibili crudeltà e insensati atti di distruttività. Sicché, è del tutto vano tentare di sminuire la forza e l'incidenza dell'aggressività; e tuttavia io ritengo che le sue radici non vadano ricercate nella bestialità, negli istinti, nel nostro passato, ma che l'aggressività umana, proprio in quanto è maggiore di quella dell'animale, abbia il proprio fondamento nelle specifiche condizioni della nostra esistenza. L'aggressività è un male, e lo è la distruttività – e non si tratta semplicemente di un «cosiddetto» male, come sostiene Lorenz – ma *essa è umana*. Si tratta di una potenzialità insita in ciascuno di noi e che si manifesta allorché lo sviluppo dell'uomo non avvenga nel senso di un miglioramento, di una maturazione.

L'«iperaggressività», vale a dire quell'aggressività che è maggiore nell'uomo rispetto agli animali, è dunque insita nel nostro carattere. E parlo di carattere, non già in senso giuridico, bensì nell'accezione psicoanalitica, intendendolo quale un sistema di rapporti dell'uomo con il mondo. Carattere è dunque, in questo senso, qualcosa che l'uomo si è creato come sostituto degli istinti animali che in lui sono assai poco sviluppati. Quel che dico può sembrare alquanto teorico; ma, se ci rifacciamo alla nostra esperienza, molti di noi, ne sono certo, comprenderanno esattamente che cosa intendo dire parlando di carattere. Di sicuro avete avuto a che fare con individui dotati, lo avrete costatato, di un carattere sadico, ma anche con altri che definite «di buon carattere», intendendo con ciò, non già che questo o quell'individuo abbia dato ora manifestazioni di sadismo, ora invece manifestazioni di benevolenza, bensì una certa qualità caratteriale che ne impronta l'intera esistenza. Ci sono individui sadici che non si comportano mai in maniera sadica perché non ne hanno l'occasione, e soltanto da un'osservazione attentissima certi loro comportamenti possono risultare effettivamente sadici. Allo stesso modo, ci sono caratteri che non sono portati alla distruttività e che tuttavia, in un empito d'ira o di disperazione, possono uccidere, ciò che però non basta a fare di essi caratteri distruttivi.

Se si parte dal presupposto che il male è umano, e che dunque trova il proprio fondamento nell'esistenza dell'uomo, non già nel suo passato bestiale, si evita un paradosso logico, nel quale invece incappano i teorici dell'istinto, i quali pensano di spiegare l'aggressività dell'uomo con quella assai minore, dell'animale. Ma com'è possibile? Bisognerebbe infatti supporre che ciò che l'uomo ha ereditato dall'animale abbia per conseguenza di renderlo assai più aggressivo e distruttivo di questo. Ma logica vuole che ciò che differenzia il suo comportamento da quello dell'animale, vale a dire la maggiore crudeltà, è qualcosa che non gli deriva dall'animale stesso, ma ha radici nelle condizioni della esistenza umana.

Soffermiamoci brevemente sull'*aggressività animale*. Essa è biologicamente condizionata, nel senso che serve alla sussistenza dell'individuo e della specie e viene mobilitata quando gli interessi vitali dell'animale siano minacciati dall'esterno, in altre parole quando si profili una minaccia alla sua esistenza, alle sue fonti alimentari, ai suoi rapporti con animali di altre specie, al suo territorio e via dicendo. In tal caso, l'animale – e del resto anche l'uomo – reagisce con l'aggressività o con la fuga. Qualora tale minaccia non si profili, l'aggressività non verrà mobilitata. Essa è dunque presente nel cervello quale un meccanismo che può essere sempre potenzialmente attivato ma che però, in assenza di un particolare stimolo, di un movente specifico, non si mette in funzione e non spinge a certi comportamenti; esso pertanto non risponde al modello «idraulico». A fare questa osservazione è stato per primo, e con estrema chiarezza, il neurofisiologo Hess, il quale ha identificato i centri, le aree cerebrali che producono aggressività in presenza dello stimolo adeguato e che entrano in funzione quando si verifichi una minaccia a interessi vitali.

Diversa è poi l'aggressività dell'animale da preda, il quale non attacca perché si sente minacciato, bensì per procurarsi il cibo. E anche sotto il profilo neurofisiologico, l'aggressività dell'animale da preda ha sede in altri centri, in aree cerebrali diverse da quelle dell'aggressività difensiva di altri animali. Comunque, è facile costatare che in generale gli animali sono assai poco aggressivi, eccezion fatta per i casi in cui si sentono minacciati; tra essi sono rari gli scontri cruenti, anche durante i duelli. Da osservazioni compiute con scimpanzé, babuini e altri primati, risulta che la loro vita sociale è straordinariamente pacifica, e si può ben dire che se l'umanità mostrasse un'aggressività pari a quella degli scimpanzè, non dovremmo certo preoccuparci di guerre e violenze. Lo stesso si può dire dei lupi, che pure sono animali da preda. Quando un lupo assale una pecora, è naturalmente aggressivo; ma gli uomini si sono fatti del lupo l'immagine d'un animale di straordinaria aggressività, scambiando quella di cui dà prova nella ricerca del cibo per un'aggressività che avrebbe anche quando è satollo. Ma tra loro i lupi non sono affatto aggressivi, e anzi si mostrano pacifici. È dunque improprio servirsi, per definire l'aggressività umana, dell'esempio dei lupi, affermando per esempio che l'uomo si comporta con il suo simile a guisa di lupo (*homo homini lupus*). Tutt'al più, sarebbe lecito affermare che si comporta come un lupo nei confronti della pecora, non già come un lupo nei confronti di un suo simile.

È dunque evidente che l'aggressività animale non risponde al modello idraulico. Finché l'animale non sia minacciato, non si dà nessuna aggressività che cresca su se stessa fino al punto in cui si verifica l'esplosione. Si può anche dire che l'aggressività dell'uomo è una possibilità insita nel cervello, biologicamente data, ma non è affatto una necessità; ed essa non si rende manifesta a meno che non intervengano determinate condizioni attinenti alla sopravvivenza. È della massima importanza sottolinearlo di contro alla tesi behavioristica, secondo la quale l'aggressività è solo appresa, e l'uomo sarebbe reso aggressivo unicamente dalle circostanze. Le cose non sono così semplici: se infatti l'uomo dovesse imparare l'aggressività solo dalle circostanze, essa non potrebbe venir mobilitata con tanta rapidità e intensità, come invece si verifica e come in effetti deve essere. L'aggressività è invece biologicamente presente come predisposizione, come possibilità mobilitabile con la massima rapidità a patto che esistano e siano funzionanti tutti i necessari meccanismi neurofisiologici, i quali però – lo ripeto – devono prima essere attivati, e non entrano in funzione se non in questo caso. Mi servirò, per chiarire meglio quanto ho detto, di un semplice esempio, quello di un individuo che a scopo di autodifesa tenga una pistola sotto il cuscino nottetempo, di giorno nella scrivania, senza che per questo egli sia disposto in ogni momento a sparare; si tratta semplicemente di un individuo che, in caso di pericolo potrà far ricorso alla pistola. È quanto si verifica con la nostra fisiologia cerebrale, nel senso che nel nostro encefalo si trova, per così dire, una pistola potenzialmente pronta a far fuoco, permettendo una rapida reazione in caso di attacco. Ma la situazione è ben diversa da quella descritta della teoria istintivistica, stando alla quale la presenza di questa predisposizione avrebbe per effetto che l'uomo è pieno di un'aggressività che prima o poi non può non esplodere.

Infine va detto, con Hess e i neurofisiologi, che in caso di pericolo l'animale reagisce, non solo con l'attacco ma anche con la fuga, e che anzi il secondo caso si verifica più frequentemente del primo. L'attacco è solo *l'extrema ratio*, che si verifica qualora l'animale non possa più fuggire, e allora attacca, allora combatte.

Chi parla di «istinto aggressivo» nell'uomo, dovrebbe a ragion veduta parlare anche di un suo istinto di fuga. E se gli adepti della teoria dell'aggressività e dell'istinto affermano che l'uomo è perennemente disposto all'aggressione e che può controllarsi solo a gran fatica, bisognerebbe aggiungere che è anche altrettanto giusto dire che l'uomo è animato da un quasi incontrollabile impulso alla fuga, che riesce a dominare solo a gran fatica. E in effetti, chiunque abbia avuto esperienza di guerra sa quanto forte sia, nell'uomo, l'impulso alla fuga; se così non fosse, non occorrerebbero le leggi in forza delle quali la diserzione viene assai spesso punita con la morte. Insomma, l'uomo ha due possibilità, che gli sono date dal suo cervello, di reagire ad attacchi: l'aggressione o la fuga. Ma entrambi gli impulsi, quello alla fuga e quello all'aggressione, sono inoperosi quando non si verifichino attacchi, non abbiano luogo minacce, né essi bastano da soli a produrre una tendenza all'aggressione o alla fuga di continuo presente e in perenne aumento.

Abbiamo visto che la teoria «idraulica» dell'aggressività, quale è avanzata da Lorenz e, in un certo senso, anche da Freud con la sua ipotesi dell'impulso di morte, non è sostenibile. I dati neurofisiologici comprovano che l'aggressività sia dell'uomo che dell'animale, lungi dall'essere una pulsione in continuo aumento e che si manifesta spontaneamente, viene mobilitata da stimoli, da cause che significano una minaccia per l'esistenza umana o animale e per precisi interessi vitali. Ma la teoria in questione non è insostenibile solo sulla scorta dei dati neurofisiologici, bensì anche alla luce di molte altre evidenze offerteci dell'antropologia, dalla paleontologia, dalla psichiatria e dalla sociopsicologia. Se la teoria rispondesse al vero, si dovrebbe ammettere che nel complesso l'aggressività sia uguale in tutti gli individui e in tutte le culture e società; potremmo ammettere che, come nel caso dell'intelligenza, si diano differenze quanto a intensità, le quali tuttavia sarebbero pur sempre di scarso rilievo, mentre in generale tutti gli uomini darebbero prova dello stesso livello di aggressività e impulsi distruttivi. Cosa che non risponde affatto al vero.

Cominciamo dai dati antropologici. Esiste tutta una serie di etnie primitive dove non si trova traccia di particolare aggressività ma, al contrario, uno spirito di diffusa gentilezza; e nelle descrizioni delle etnie in questione ci si imbatte in tutta una serie di tratti tra loro affini e che compongono una sindrome: scarsa aggressività (e ciò significa anche assenza di crimini, punti o pochi omicidi), mancanza di proprietà privata, di sfruttamento e di gerarchie. Gruppi del genere sono per esempio reperibili nell'America del Nord tra i cosiddetti «pueblos»; ma se ne trovano in tutto il mondo. Colin Turnbull ha fornito un quadro oltremodo interessante di un gruppo che non è dedito, come i «pueblos», all'agricoltura, ma è formato da cacciatori primitivi, non molto diversi da genti di trentamila anni fa. Si tratta dei pigmei dell'Africa centrale viventi nelle foreste equatoriali. Tra essi, scarsissima è l'aggressività; com'è ovvio, di tanto in tanto qualcuno di loro s'arrabbia, ed ecco che allora certuni, contrari alla tesi che stiamo illustrando, sono pronti ad affermare: «Visto? Quel tale si è arrabbiato!» Ma si tratta di un modo di vedere le cose alquanto restrittivo: infatti, che qualcuno monti in bestia o che sia pervaso di aggressività, non equivale certo a volere la guerra, a uccidere i propri simili, e via dicendo, trattandosi di norma di due cose ben diverse. E bisogna avere scarsissima capacità di osservazione per non scorgere diversità alcuna nel fatto che un individuo possa arrabbiarsi o che invece sia un uomo distruttivo, pieno di odio.

I pigmei cacciatori vivono dunque nella foresta vergine, che da loro è avvertita come madre; al pari di tutti i cacciatori, abbattono solo gli animali di cui hanno bisogno, quelli che possono mangiare, senza che si ponga, com'è ovvio, il problema di mettere qualcosa da parte: la carne infatti è difficilmente conservabile. Sicché, si caccia nella misura del bisogno e di eccedenze ce ne sono ben poche: nel complesso, si ha tuttavia quanto basta per campare. Per tale motivo, non esiste proprietà privata e non esistono capi. A quale scopo, del resto? L'esistenza è regolata dalle necessità contingenti, e ognuno dei pigmei sa quel che deve fare o, se si preferisce, in seno a questi gruppi vige una democrazia profondamente radicata senza che nessuno prescriva qualcosa agli altri. Né vi sarebbe motivo di farlo, dal momento che non comporterebbe nessun vantaggio. Inutile aggiungere che non esiste neppure sfruttamento. Ancora una volta, perché si dovrebbe sfruttare qualcuno? Per cacciare, perché io non debba a mia volta cacciare? Ma in tal caso la vita risulterebbe terribilmente noiosa. E allora, perché? Non c'è nulla che l'altro possa fare per me. La vita familiare è pacifica, in generale vige la monogamia, il divorzio non presenta difficoltà di sorta. Prima del matrimonio, i rapporti sessuali sono liberi; la sessualità non è accompagnata da sensi di colpa. I pigmei di solito si sposano quando la donna è incinta, dopodiché i due partner restano assieme per tutta la vita, eccezion fatta per i casi, tutt'altro che frequenti, però, in cui non possono sopportarsi a vicenda.

I componenti il gruppo non hanno molte preoccupazioni, sebbene queste siano inevitabili per chi vive di caccia: a volte infatti gli animali non compaiono, né mancano le annate sfavorevoli. Ma i pigmei confidano che la foresta continuerà a nutrirli, e non sono posseduti dall'idea di dover consumare di più, risparmiare di più, avere di più, ragion per cui nel complesso sono soddisfatti. Etnie del genere costituiscono in effetti le vere società della sovrabbondanza, tali non già perché siano ricche, bensì perché non vogliono più di quanto abbiano. E quanto hanno è sufficiente ad assicurare loro un'esistenza sicura oltre che piacevole.

Devo sottolineare con vigore quanto sia importante tener presente, qui e altrove, il sistema e la struttura, anziché aver occhi per un aspetto particolare. E alla domanda, se nel caso specifico si abbia o meno aggressività, risponderei che dirlo è assai difficile; bisogna piuttosto appuntare lo sguardo sulla struttura, ed ecco che allora ci si avvede di aver a che fare con esser umani nel complesso amichevoli, che non si scontrano tra loro, che non sono invidiosi, e che la mancanza di aggressività è una logica componente dell'intero sistema psichico nonché sociale; e ci si avvede anche di quanto stretti siano i nessi tra sistema psichico e sistema sociale.

Uno dei periodi più interessanti della storia umana è la cosiddetta «rivoluzione neolitica», cominciata circa diecimila anni fa nell'Asia Minore in concomitanza con lo sviluppo dell'agricoltura. È assai probabile, sebbene ne manchino prove certe, che a inventare l'agricoltura siano state le donne, le quali avrebbero scoperto che si possono allevare anche vegetali *selvatici*, migliorandoli ottenendone frumento o altri cereali commestibili. Gli individui di sesso maschile non erano altrettanto inventivi, ed è probabile che intanto continuassero a cacciare o pascolassero greggi. Grazie all'agricoltura, si scoprì che non era necessario mangiare soltanto ciò che la natura offriva spontaneamente, ma che si poteva intervenire nei suoi processi, producendo con la propria ragione, con la propria abilità. Questo, come s'è detto, è accaduto solo in tempi relativamente recenti. Durante il periodo iniziale della rivoluzione neolitica, durato forse quattromila anni, è assai probabile che la società sia stata assai pacifica, forse simile, sotto molti punti di vista, a quella degli indiani dei villaggi nordamericani, probabilmente matriarcale e anch'essa organizzata in piccole comunità. Si produceva un pochino di più di quanto occorresse al momento, con la conseguenza che così si era più sicuri e la popolazione aveva modo di moltiplicarsi. Ma non si accumulava certo tanto da rendere questi invidioso di quegli, sì da indurlo ad atti di rapina. Nella società neolitica probabilmente predominava, come nel caso delle etnie cui ho accennato prima, una forma di vita genuinamente democratica e, come ho anche detto, il ruolo della madre e della donna era di grande importanza. Solo in un secondo momento, la società si diede un'organizzazione patriarcale, cosa verificatasi circa quattromila o tremila anni a.C. Fu un periodo di profonde trasformazioni: si produsse assai di più di quanto occorresse; si ebbero schiavi, il prodotto del lavoro aumentò; ci furono eserciti, ci furono governi, si fecero guerre. E all'improvviso, l'uomo scoprì che si potevano sfruttare i propri simili, costringendoli a lavorare per conto suo. Si costituì una gerarchia con un sovrano alla testa, che in un primo tempo fu il rappresentante di Dio o che, come assai spesso accadeva, era tutt'uno con il supremo sacerdote. E in tale situazione si sviluppò una fortissima aggressività, perché a questo punto si poteva rubare, si potevano defraudare altri, si poteva sfruttarli. E la democrazia naturale lasciò il posto a una gerarchia in cui tutti erano inseriti.

A questo punto, è forse possibile indicare le cause della guerra. Da parte degli istintivisti, assai spesso si sostiene che la guerra ha radici negli istinti aggressivi dell'uomo: affermazione assai ingenua oltre che del tutto infondata. In primo luogo, perché è facile costatare che gran parte dei conflitti vengono in essere allorché i governi persuadono le rispettive popolazioni che qualcuno le aggredisce, che devono difendere i loro sacrosanti valori, la loro vita, la libertà, la democrazia e tante altre cose. Ma basta che l'ebbrezza bellicistica duri un paio di settimane, perché per lo più sfumi, e allora bisogna minacciare e punire gli esseri umani perché non gettino le armi. Se invece fossimo aggressivi per natura, la guerra costituirebbe l'attuazione dei nostri istinti aggressivi, e i governi non avrebbero bisogno di operare costrizioni, ma al contrario dovrebbero di continuo fare propaganda pacifista per evitare che gli uomini vogliano la guerra come sfogo alla propria aggressività. Ma, tutti lo sappiamo, le cose non stanno così. Anzi, si può senz'altro affermare che la guerra come istituzione sia venuta in essere, o meglio sia stata inventata nel periodo successivo alla rivoluzione neolitica, vale a dire allorché si sono formate le città-stato con eserciti e sovrani, con la capacità di fare la guerra, di procurarsi schiavi, di impadronirsi di tesori e via dicendo. Tra i cacciatori e gli agricoltori primitivi non si ha guerra organizzata perché non ne esiste la possibilità.

Ai fini della nostra trattazione, interessa dunque il fatto che, in tutta una serie di etnie primitive, ci si imbatte in un sistema caratterizzato in larga misura da assenza di aggressività e da diffusa cordialità e cooperazione; e, stando così le cose, è chiaro che la teoria istintuale-idraulica dell'aggressività risulta insostenibile. Ma è facile costatare anche che persino in seno a una società di tipo diverso l'aggressività compare in misura assai variabile. Così ad esempio nella Germania dei primi anni trenta la base del successo nazista era costituita in larga misura dalla piccola borghesia tradizionale e dai circoli di ufficiali e studenti la cui carriera era stata interrotta, e non già, almeno in misura significativa, dalla borghesia medio-alta. Con ciò, non voglio certo sostenere che questa non si sia adeguata al sistema nazista, ma semplicemente che i nazisti fanatici non provenivano da essa e certamente neppure dalla classe operaia: nella quale, come tutti sanno, i nazisti convinti erano per lo più una eccezione, anche se d'altra parte è innegabile che tra gli operai gli antinazisti convinti erano del pari un'eccezione. Ma questa è un'altra faccenda.

La stessa costatazione vale anche per gli stati del profondo Sud degli USA: tra i bianchi poveri di laggiù, l'aggressività raggiunge livelli altissimi, ben maggiori di quelli della borghesia media e maggiori anche di quella della classe operaia degli stessi stati come di quelli orientali degli USA. Sono sempre i ceti che si collocano ai gradini inferiori, ai livelli più bassi della piramide sociale, quelli per i quali la vita ha scarso sapore, gli incolti, a rendersi conto di essere un po' alla volta emarginati dal divenire sociale nel suo insieme; in costoro, privi come sono di spinte, di interessi, si va accumulando un'irrefrenabile rabbia, un sadismo, che invece negli individui che creano qualcosa, che si sentono al centro del divenire sociale, o per lo meno non ai suoi margini, non prende forma. Questi secondi hanno interessi, hanno la sensazione di procedere al passo con il resto della società, ed è perciò che tra di loro non si ha lo stesso livello di sadismo e aggressività riscontrabile invece, come ho detto, nella vecchia piccola borghesia tedesca o in certe regioni degli USA.

Anche tra i singoli individui non mancano differenze in fatto di aggressività. E non è certo raro che uno vada dallo psichiatra e gli dica: «Dottore, io odio tutti i miei simili. Odio mia moglie, odio i miei figli, odio i miei colleghi, non c'è nessuno che io non odi». Agli occhi dello psichiatra, e spero anche per la maggioranza dei miei simili, questa affermazione equivale già a una diagnosi: l'individuo in questione è malato. Nel caso specifico non si sostiene certo che sia all'opera l'impulso aggressivo, bensì che l'individuo in questione ha un carattere tale per cui produce di continuo aggressività. Resta da chiedersi: come mai questo accade? Quali sono le condizioni sociali, la storia familiare, le esperienze che gli sono toccate e alle quali si deve se in quel particolare individuo, in quella particolare struttura caratteriale, si è sviluppata tanta aggressività? Ma non si dice affatto, come invece gli istintivisti quando parlano della guerra: «Eh, non ci si può far niente, è semplicemente un'ulteriore riprova della potenza dell'aggressività innata».

Non c'è chi non conosca individui aggressivi, intendendo per tali, non già coloro che prendono facilmente cappello, bensì persone distruttive, ostili, sadiche. E tutti conoscono uomini cordiali, che appaiono – non già in superficie, bensì in profondità – ben disposti verso gli altri, nient'affatto aggressivi, ma non per questo deboli o sottomessi. E se qualcuno non s'avvede di differenze del genere, vuol dire che non vive una vita armonica, ed è, ahimé, la condizione di molti nostri simili, incapaci di cogliere le differenze in questione. Ma la maggioranza delle persone dotate di una certa capacità di osservazione sanno perfettamente che tali differenze caratteriali sono realtà.

A questo punto bisogna esaminare più da vicino la specifica *aggressività umana*. Finora ci siamo limitati a dimostrare l'inconsistenza del modello idraulico. In via di principio, nell'uomo si possono distinguere due specie di aggressività, l'una, se si vuole, biologicamente condizionata, di carattere difensivo, tutt'uno con quella dell'animale, e un'altra non reperibile nell'animale, ed è la specifica aggressività umana che si esplica, da un lato sotto forma di crudeltà, dall'altro sotto forma di insofferenza, di ostilità verso la vita, di odio per l'esistenza, vale a dire di necrofilia (ma non voglio occuparmene ora).

Restiamo invece alla prima forma di aggressività umana, quella biologicamente condizionata, tutt'uno con l'aggressività dell'animale. Come s'è già detto, questo reagisce, in forza della sua organizzazione neurofisiologica identica a quella dell'uomo, con l'aggressione quando i suoi interessi vitali siano minacciati. Lo stesso fa l'uomo, con la differenza che in lui questa reazione, quest'*aggressività reattiva ovvero difensiva*, è di entità assai maggiore, e ciò soprattutto per tre motivi. In primo luogo, l'animale subisce la minaccia solo nel presente: la minaccia esiste solo qui, ora. L'uomo invece, in quanto dotato di intelletto, è in grado di immaginarsi il futuro, ragion per cui può sperimentare anche una minaccia, non già in quanto esistente qui e ora, ma in quanto prevedibile come futura possibilità. Sicché, l'essere umano reagisce aggressivamente non solo alla minaccia del momento, bensì anche a quella proiettata nel futuro, ed è pertanto ovvio che l'aggressione reattiva umana abbia peso assai maggiore, dal momento che altissimi sono il numero di individui e il numero di situazioni in cui è prospettabile un pericolo, una minaccia futura.

Il secondo motivo per cui l'aggressione reattiva umana è di ampiezza tanto maggiore, va visto nel fatto che l'uomo, al contrario dell'animale, è suggestionabile: si può persuadere un proprio simile che la sua vita e la sua libertà sono minacciate. Per farlo, occorrono parole, occorrono simboli. È impossibile sottoporre l'animale al «lavaggio del cervello» perché gli mancano i simboli, gli mancano le parole. Se invece si persuade un nostro simile che è minacciato, la sua reazione soggettiva sarà esattamente la stessa che se la minaccia fosse concreta: non ci sarà differenza nelle sue reazioni, qualora creda di essere minacciato. Superfluo dire che in molti casi sono scoppiate guerre perché esseri umani sono stati convinti che su di loro pesava una minaccia, e così facendo si è suscitata quell'aggressività di cui si ha bisogno per indurre gli uomini a combattere.

Infine, un terzo motivo: l'uomo ha particolari interessi vitali, dovuti al fatto che ha valori, ideali, istituzioni con cui si identifica, con la conseguenza che un attacco contro questi ideali, le persone che per lui hanno importanza vitale, le istituzioni che ritiene sacre, acquista lo stesso significato di un attacco alla sua vita, ai suoi mezzi di sussistenza; e può essere l'idea di libertà, l'idea di onore, può trattarsi dei genitori, del padre, della madre, in certe culture degli antenati, o ancora dello stato, del vessillo, del governo, della religione, di Dio. Tutti questi valori, istituzioni, ideali, sono per lui altrettanto vitali della sua esistenza fisica; e, qualora siano minacciati, l'uomo reagisce con l'ostilità.

Se si tiene conto di questi tre fattori, si comprende facilmente come già l'ostilità difensiva dell'uomo, sebbene fondata sullo stesso meccanismo dell'ostilità difensiva degli animali, sia assai maggiore, e ciò perché si dà un numero molto maggiore di minacce, oppure perché molte più cose, rispetto all'animale, sono intese come minaccia.

L'essere umano condivide con l'animale l'aggressività difensiva, biologicamente condizionata, che serve alla difesa dei suoi interessi vitali da attacchi esterni; ma oltre a questo nell'uomo sono altre forme di aggressività non rilevabili nell'animale, non condizionate biologicamente, che non servono alla difesa ma che hanno radici nel carattere. Perché in un individuo si sviluppi un siffatto carattere aggressivo, è una questione complessa che qui non posso affrontare; basti dire che caratteri del genere esistono, e che esistono esclusivamente nell'uomo. Qui mi limiterò a una particolare costellazione, il carattere sadico.

Molto spesso parlando di *sadismo* ci si riferisce solo alla perversione sessuale, per esempio al fatto che l'eccitazione di un uomo dipenda dal fatto che possa picchiare o maltrattare una donna, sebbene per sadismo si intenda anche la brama o il desiderio di ledere fisicamente altri. In realtà, però, l'essenza del sadismo consiste nella volontà di esercitare il *controllo* su un altro essere vivente – un controllo totale, assoluto –, e può trattarsi di un animale, di un bambino, di un adulto; ciò che conta è che l'altro essere si riduca a possesso, a cosa, a oggetto di dominio del sadico.

Quando accade che qualcuno riesca a costringere un suo simile a sopportare dolori senza potersi ribellare, si ha a che fare con una forma estrema di controllo, che però non è affatto l'unica. Forme di sadismo del genere si trovano a volte in insegnanti, si verificano nel trattamento di prigionieri, eccetera. Si noterà come la forma in questione, benché non sia sessuale in senso stretto, sia pur sempre, per così dire, una forma calda, sensuale, di sadismo; è però solo una delle forme possibili. Assai più diffuso è un «sadismo freddo», nient'affatto sensuale e che nulla ha a che fare con la sensualità, pur essendo della stessa essenza del sadismo sensuale e di quello sessuale in quanto ha come obiettivo il controllo, l'onnipotenza esercitata su un altro essere umano allo scopo di averlo completamente in propria balia, come argilla nelle mani del vasaio.

Si danno persino forme bonarie di sadismo, a tutti note, come quando un individuo – accade a volte con le madri o con i capi, e dunque in mille diverse situazioni – ne controlla un altro, non però a svantaggio, bensì a pro di questi. Il primo dice al secondo quello che deve fare: gli viene prescritto ogni suo atto, ma è tutto a suo beneficio; e il beneficio può essere concreto, la situazione, per meglio dire, può risultargli utile, a parte il fatto che perde la propria libertà ed è completamente dipendente. È una situazione che non è raro trovare, come s'è detto, nei rapporti tra madri e figli o tra padri e figli, e nel caso specifico il sadico, com'è ovvio, è del tutto inconsapevole di essere tale, dal momento che «le sue intenzioni sono ottime». E del resto, anche la vittima del sadismo non si rende conto di essere tale, perché s'avvede solo di trarre profitto dalla situazione. A sfuggirgli è solo una cosa, ed è che la sua psiche ne risulta danneggiata, che egli si riduce a individuo assoggettato, dipendente, privo di libertà.

Vorrei fornirvi innanzitutto un esempio di una delle forme estreme di sadismo, quello di un individuo animato dalla passione dell'onnipotenza totale, della volontà di essere Dio. L'esempio è tratto dal *Caligola* di Camus. Caligola, l'imperatore romano, il tiranno, è dotato di illimitati poteri. All'inizio, forse non si differenzia granché da altri esseri umani; ma eccolo poi in una situazione tale da convincerlo di essere in effetti al di fuori dei normali rapporti esistenziali, in quanto il suo potere è appunto illimitato. Per cominciare, si mette a sedurre le mogli degli amici; i quali lo sanno, non già perché lo scoprano, ma perché Caligola lo spiattella loro in faccia. E devono andare da lui, essere cortesi, adularlo; non devono mai perdere il controllo, mostrarsi in collera o risentiti, altrimenti Caligola li fa mettere a morte, ora l'uno ora l'altro a capriccio, e non già perché non voglia più vederseli d'attorno, bensì perché per lui far uccidere chi vuole è un segno del suo potere, della sua onnipotenza. Ma neppure questo basta a soddisfarne la brama di dominio: in fin dei conti, anche un comportamento del genere ha dei limiti, ed ecco così che la brama di Caligola trova espressione, come fa chiaramente capire Camus, nel desiderio simbolico, nel «volere la luna». Locuzione che oggi può apparire superata, ma che fino a qualche anno fa trovava largo impiego per designare l'aspirazione all'impossibile: «Voglio un potere che nessun altro essere umano ha mai avuto. Perché io sono senza uguali, io sono Dio. Voglio esercitare il controllo su tutto e tutti, avere qualunque cosa desideri».

Spinto dalla passione dell'assoluto controllo, l'individuo cercherà di superare, di infrangere i limiti dell'umana esistenza, essendo ad essa peculiare la non – onnipotenza. E anche qualora un individuo sia dotato di poteri eccessivi, la morte gli dimostra che è impotente di fronte alla natura. Il Caligola dipinto con tanta efficacia da Camus, all'inizio, come s'è detto, non è molto diverso dagli altri, ma alla fine gli dà di volta il cervello. E se questo accade, è perché tenta di superare i limiti dell'umana esistenza, e chiunque impazzisce se si prova a farlo e non sa poi ritrovare la strada del ritorno. Da ciò si vede che la pazzia al contrario di quello che comunemente se ne pensa, non è a ben vedere una malattia, ma piuttosto un modo particolare di risolvere il problema dell'umana esistenza. Il pazzo nega l'impotenza insita nell'uomo e che lo tormenta: nella sua fantasia non ci sono confini a trattenerlo, ed egli si comporta come se davvero non esistessero. Siccome tuttavia l'impotenza è reale, non può che perdere la ragione se vuole restare fedele al proprio obiettivo. Se si preferisce, la follia non è una condizione patologica ma una filosofia o, più esattamente, una forma di religione. La pazzia è il tentativo di negare l'impotenza umana, di affermare, attraverso una determinata finzione, che essa non esiste.

Ancora un cinquantennio fa si credeva per lo più che i Caligola fossero una caratteristica della sola storia romana. Ma nel XX secolo ci siamo resi conto che di Caligola ce ne sono moltissimi, in Europa, in America, in Africa, dovunque. E i Caligola sono fatti tutti allo stesso modo: godono di poteri illimitati e non sanno affrancarsi dalla brama di risolvere i loro problemi esistenziali mediante la negazione della limitatezza della loro potenza. Lo si è visto con estrema chiarezza nel caso di Stalin o di Hitler: i confini dell'umana esistenza vengono ignorati, e fa allora irruzione una particolare forma di follia.

Gran parte degli esseri umani per fortuna devono accontentarsi, qualora siano sadici e vogliano esercitare controlli, di quello che ho definito sadismo freddo e in forme più modeste, sufficienti tuttavia a procurar loro soddisfazione. È noto che i genitori possono comportarsi sadicamente nei confronti dei loro figli in quanto vogliono esercitare il controllo totale su di essi, cosa che però oggi non è più tanto frequente perché i figli non sono ormai molto disposti a far buon viso a cattivo gioco. Ma solo venti, trenta o quarant'anni fa, era una situazione largamente diffusa. I medici conoscono molti casi di bambini portati all'ospedale con lesioni anche gravi dovute a maltrattamenti o percosse dei genitori; ed è questa solo una piccola percentuale delle effettive sevizie inflitte da certi genitori i quali, in forza delle leggi come del costume, possono fare ai figli suppergiù tutto quello che vogliono, purché possano affermare che è per il bene dei figli stessi e a patto che i segni fisici dei maltrattamenti non siano troppo appariscenti. Si potrebbero scrivere libri interi sull'entità del controllo e anzi sugli atteggiamenti espressamente sadici da parte dei genitori, e la stessa cosa varrebbe per poliziotti, infermiere, guardie carcerarie, eccetera. Tutti costoro non hanno i poteri di Caligola, anch'essi devono obbedire, sono gente qualunque che non ha molta voce in capitolo; ma nei confronti dei figli, dei malati, dei carcerati, hanno un potere relativamente cospicuo. E nelle professioni che si è detto, capita di imbattersi in un notevole numero di sadici; non voglio dire, con questo, che la maggior parte degli insegnanti o delle infermiere siano sadici. Al contrario, sono numerosi coloro che si dedicano all'insegnamento o divengono infermieri perché animati da un profondissimo impulso ad aiutare i loro simili, nei confronti dei quali provano sentimenti di amicizia e solidarietà. Ma mi riferisco a persone nelle quali l'impulso è di segno contrario, e che per lo più non sono consapevoli che, al di là delle razionalizzazioni che offrono a se stesse, in realtà sono animate dalla brama di esercitare il controllo su altri.

È un impulso che si trova con molta frequenza anche nei burocrati, e mi limiterò a un semplice esempio, del resto a tutti noto da molteplici esperienze. C'è quel tale, dietro lo sportello della posta; siete in fila già da un quarto d'ora, e adesso sono le diciotto, ora di chiusura dell'ufficio, e ci sono ancora due sole persone in attesa. Ma alle sei in punto, l'impiegato chiude lo sportello, e i due, che hanno già atteso tanto a lungo, se ne devono andare, e un lieve sorriso si disegna sulle labbra sottili del funzionario: un impercettibile sorriso sadico. L'uomo se la gode all'idea che quei due se ne debbano andare, e che lui abbia potuto esercitare il potere di farli attendere invano, costringendoli a tornare il giorno dopo. Potrebbe magari perdere un minuto in più, ma nossignori: uno che provi amicizia per i suoi simili lo farebbe, e come lui molti altri. Il sadico, invece non chiude lo sportello semplicemente perché glielo impone l'orario, bensì perché gli dà piacere farlo; e, se è vero che il suo stipendio non è granché, d'altra parte questo piacere sadico è anch'esso una componente del suo salario, alla quale non è disposto a rinunciare.

E ora, l'esempio di un sadico il quale ha fatto ben peggio che non semplicemente controllare: Heinrich Himmler. Vi leggerò una lettera da lui indirizzata a un alto gerarca delle SS, il conte Adalbert Kottulinsky: «Caro Kottulinsky, so che è stato molto malato e che il suo cuore le ha dato gravi preoccupazioni. Nell'interesse della sua salute, le ordino per la durata di due anni di rinunciare completamente al fumo. Scaduti i due anni, la prego di trasmettermi un referto medico sulle sue condizioni fisiche, in base al quale deciderò se la proibizione del fumo potrà esserle tolta oppure no. Heil Hitler!». Questo non è solo controllo, ma anche intimidazione. Himmler tratta un adulto, un suo pari, come uno sciocco scolaretto; gli scrive in termini tali che l'altro non può non sentirsi umiliato. Himmler lo controlla e, non contento ancora, vuole che a controllarlo sia anche un medico, ma non sarà questi a stabilire se il paziente potrà riprendere a fumare: a farlo sarà lui, Himmler.

Qui si rivela un altro risvolto del burocrate come sadico, ed è che il burocrate vede i suoi simili quali cose nei cui confronti egli non ha rapporti umani. Un'altra caratteristica è che a provocarlo sono soltanto gli impotenti, non già coloro che tali non sono. Infatti, nei confronti dei superiori il sadico si mostra per lo più vile, e strisciante, mentre chi sia impotente o l'individuo che lui, il sadico, tale possa rendere – a esempio un bambino, un malato o, in determinate circostanze politiche, un avversario – ne eccita il sadismo. Al contrario dell'individuo normale, non prova compassione, non si perita di infierire su un essere umano impotente. Anzi, la sua impotenza vieppiù lo infiamma perché costituisce la premessa all'esercizio di un controllo illimitato.

Un'altra caratteristica ancora del sadico in veste di burocrate è un maniacale amore per l'ordine. L'ordine è tutto, l'ordine è l'unica cosa certa, la sola che si possa controllare. Coloro che mostrano una propensione esagerata all'ordine, di solito hanno paura della vita: questa infatti non è ordinata, è spontanea, ricca di sorprese. L'unica certezza che abbiamo è quella della morte, mentre ciò che la vita ci riserva è sempre imprevedibile. Ma il sadico, che con la vita non vuole avere rapporti, che vuole tutto trasformare in oggetto, che odia ciò che è vivente perché se ne sente minacciato, ama l'ordine.

È ad esempio tipico che Himmler abbia tenuto un diario dai quattordici ai ventiquattro anni registrando le cose più banali: quanti panini ha mangiato, se il treno era puntuale o meno; tutto quel che faceva, ogni minuzia, doveva essere registrata. E fin da giovane teneva nota di tutte le lettere che aveva scritto e ricevuto. Questo è l'ordine, è la meticolosità propria di un preciso tipo umano, il burocrate vecchio stampo per il quale la vita è nulla, e tutto invece la precisione e la regola.

Varrà anche la pena di ricordare che Eichmann, alla domanda, rivoltagli durante la sua detenzione a Gerusalemme, se provasse sentimenti di colpa (gli venne rivolta da uno psichiatra umanissimo: Eichmann dava a vedere di non provarne affatto), rispose che sì, nutriva sentimenti di colpa. Gliene fu chiesto il perché, e lui: da bambino aveva marinato la scuola due volte. Non era certo una risposta abile da parte di uno nei suoi panni; Eichmann avrebbe potuto fare il furbo, dire che si sentiva in colpa per aver fatto uccidere tanti ebrei. Ma era un uomo sincero ed era persuaso di aver infranto l'ordine costituito marinando la scuola. Il burocrate conosce infatti un unico peccato, quello che consiste nell'infrangere l'ordine, nel non rispettare la regola.

Un altro tratto tipico del carattere sadico è infine la sottomissione. Il sadico desidera controllare il debole, ma ha troppa poca vita in sé per poter farcela senza sottomettersi a uno più forte di lui. Così, Himmler aveva fatto di Hitler il proprio idolo. E quando il sadico non si sottomette a un uomo, si sottomette alla storia, al passato, alle forze della natura che sono più possenti di lui, sempre secondo il principio: devo assoggettarmi al potere superiore, quale che sia il suo nome, ma quelli che sono più deboli di me li controllerò. È questo il sistema del burocrate sadico e in generale del «sadico freddo».

Quanto mai pertinente è, a questo proposito, la descrizione che di Himmler ha dato Carl J. Burckhardt, il quale lo ha conosciuto all'epoca in cui era commissario della Società delle nazioni a Danzica. Scrive Burckhardt: «[Himmler] riesce inquietante per il livello di concentrata subalternità, per una certa angusta coscienziosità, una disumana metodicità che contiene un elemento di automatismo». Una perfetta descrizione del «sadico freddo». A questo punto qualcuno potrebbe chiedermi: Himmler sarebbe stato diverso se non si fosse trovato in quella determinata situazione, se non ci fosse stato il nazionalsocialismo? Che tipo d'uomo sarebbe diventato allora? È lecito affermare che con ogni probabilità sarebbe stato un impiegato modello, ed è facile immaginarsi che, al momento del suo funerale, il parroco o il suo capufficio avrebbero affermato: «Era un buon padre di famiglia che amava i suoi figli e che dedicava tutte le sue energie alla professione, all'ufficio, all'organizzazione». Tale in effetti era Himmler. Non va dimenticato, infatti, che anche il sadico prova il bisogno di comprovare a se stesso che è un uomo, che può essere generoso con i suoi simili. Un uomo che non possa fornire la riprova di essere anch'egli per qualche verso tale, si trova sull'orlo della follia, perché sperimenta, rispetto al resto dell'umanità, un isolamento che nessuno è in grado di sopportare. Ed effettivamente, dai resoconti risulta che molti membri dei *commandos* tedeschi addetti all'esecuzione di prigionieri politici, ebrei, russi, eccetera, siano impazziti, si sono suicidati, sono stati afflitti da disturbi psichici. Un comandante di quelle unità ha anzi scritto che bisognava dimostrare agli uomini che lo sterminio degli ebrei avveniva in maniera umanitaria e militaresca, vale a dire mediante fucilazione o con l'impiego dei gas, se si voleva evitare che il loro equilibrio psichico ne restasse turbato.

Io credo di poter senz'altro affermare che ci sono molti Himmler, molti sadici, i quali non diventano sadici manifesti solo perché non ne hanno l'occasione. Ma credo che sarebbe altrettanto errato pensare che in ciascuno di noi si nasconda uno Himmler, che noi tutti abbiamo in noi le predisposizioni sadiche che vengono a galla solo in certe circostanze. È questo il punto che mi interessa: ci sono caratteri sadici e ci sono caratteri non sadici. Certi esseri umani, i caratteri sadici, divengono sadici manifesti quando le circostanze siano favorevoli; altri invece non diventano sadici anche quando le circostanze siano favorevoli perché hanno un altro carattere. È pertanto della massima importanza capire e apprendere quali individui siano sadici e quali non lo siano, senza lasciarsi accecare dal fatto che un tale si mostra benevolo con i bambini e gli animali e compie questa o quella buona azione. Solo un esame approfondito rivela ciò che è nascosto dietro la coscienza, dietro il generico comportamento di un individuo, perché permette di scoprire da un lato i tratti fondamentali del suo carattere, e dall'altro i tratti superficiali, compensatori. Credo che se la sapessimo più lunga sul carattere e non ci lasciassimo tanto facilmente influenzare dal comportamento manifesto dei nostri simili, compiremmo un notevole passo avanti, non solo per la nostra esistenza personale, ma anche a fini politici. Perché noi tutti, prima che si verifichi la catastrofe, dovremmo renderci conto se coloro che vogliono condizionare il nostro destino politico sono sadici o non sadici.

Il sogno è il linguaggio dell'uomo universale

Tutti noi crediamo di conoscere davvero a fondo un'unica lingua, quella che diciamo «materna», anche se abbiamo imparato anche alcune lingue straniere: francese, inglese, italiano... Dimentichiamo però che tutti ne «parliamo» un'altra, precisamente la lingua dei sogni, la quale è quanto mai singolare. Si tratta infatti di una *lingua universale*, presente in tutti i periodi della storia umana e in tutte le culture. I linguaggi onirici di un primitivo, del faraone nella Bibbia, di un abitante di Stoccarda o di New York, sono quasi identici. E questa lingua noi la «parliamo» ogni notte. E, sebbene per lo più dimentichiamo ciò che abbiamo sognato, e riteniamo quindi di non averlo fatto, non c'è notte senza sogni.

Quali sono dunque le caratteristiche del linguaggio onirico? Innanzitutto, si tratta appunto di un linguaggio notturno, di un linguaggio del sonno. È come se riuscissimo a parlare il francese solo nottetempo, senza capirne una sola parola di giorno. Inoltre, è un linguaggio simbolico che, lo si può senz'altro affermare, esprime in forma concreta, con riferimento a cose quasi tangibili, ben visibili, esperienze interiori. In altre parole, in esso l'esteriore sta per qualcosa di interiore, l'oggetto per un'esperienza. Accade come nella poesia: quando uno scrittore afferma che «la rosa rossa mi riscalda il cuore», nessuno certo pensa che la sua temperatura corporea sale, perché l'autore si riferisce solo a un sentimento, a un'esperienza che egli esprime in forma di concreto evento fisico.

A chiarire meglio quello che voglio dire, varrà forse l'esempio di un sogno oltremodo interessante fatto e riferito da Sigmund

Freud. È il celebre «sogno dell'erbario», ed è molto breve. Il fondatore della psicoanalisi sognò di avere un erbario in cui si trovava un fiore secco. Tutto qui. Ma ci sono alcune illuminanti coincidenze: il fiore era quello preferito dalla moglie di Freud, la quale spesso si lamentava che il marito non le regalasse mai fiori. In secondo luogo, il fiore era in qualche modo collegato alla cocaina, della quale quasi nello stesso periodo Freud stava studiando le applicazioni mediche. Semplice simbolo, quello del fiore nell'erbario; un simbolo che però significa moltissimo. Ci parla di uno dei tratti fondamentali della personalità di Freud. Il fiore è un simbolo dell'amore, della sessualità, dell'erotico, del vivente. Ma qui si ha un fiore secco, che ormai può prestarsi solo all'indagine scientifica. Il sognatore lo vede infatti come oggetto di ricerca, senza più viverlo come alcunché di fresco, di vivo. E, se si tiene conto dell'atteggiamento di Freud verso l'amore e la sessualità, ci si rende conto che il fondatore della psicoanalisi ne ha fatto oggetto di ricerca scientifica, ma che nella vita concreta egli era un uomo piuttosto *prude* e ritroso. Aveva già superato i quarant'anni, quando scrisse a un amico di essere rimasto sorpreso di essersi sentito attratto da una donna incontrata per caso, ed è solo un esempio dell'atteggiamento di Freud in un'età in cui gran parte dei suoi coetanei non erano affatto sorpresi da un'esperienza del genere. Il fiore secco costituisce dunque un piccolo simbolo eloquente, che richiede ben poche parole per essere descritto ma che in effetti fornisce una caratterizzazione di Freud così esatta, che occorrerebbero pagine e pagine per ridare ciò che quel breve sogno è riuscito a comunicare con il suo linguaggio simbolico.

Un'altra caratteristica del linguaggio onirico è che nel sogno noi sappiamo molto di più su noi stessi e gli altri che non nello stato di veglia. Nel sogno – e tornerò subito sull'argomento – siamo in un certo senso irrazionali ma anche più sapienti, molto più penetranti che nello stato di veglia. E lo comprova ancora una volta l'esempio di Freud, il quale aveva scarsissima cognizione di questo tratto della sua personalità, com'è facile costatare anche dalla sua analisi personale, ma nel sogno ha riconosciuto chiaramente il suo atteggiamento scisso, sdoppiato, nei confronti di ciò che il fiore simboleggia.

Va qui sottolineato un altro aspetto del linguaggio onirico al quale di solito non si presta sufficiente attenzione parlando di sogni: gran parte degli individui (e dico «gran parte»; non disponiamo tuttavia di statistiche in merito, per cui dovrei forse prudentemente parlare di «molti individui» o al massimo della maggioranza di coloro con cui ho avuto a che fare nella pratica analitica) si rivelano, nel sogno, di una creatività che nello stato di veglia appare decisamente carente. Nel sogno, gli individui divengono elaboratori di racconti, poesie, miti, e sono quegli stessi che nello stato di veglia non riuscirebbero, per quanti sforzi facciano, a produrre nulla di simile. E quanti sogni ho udito che si potrebbero pubblicare parola per parola e che non hanno nulla da invidiare a certi racconti brevi di Kafka! Eppure, se allo stesso individuo da sveglio si dicesse: «Bene, mettiti dunque a scrivere un racconto breve alla Kafka», guarderebbe l'interlocutore come se questi avesse perduto il senno; e indubbiamente la cosa gli riuscirebbe impossibile. Nel sogno egli è un poeta, un artista; nello stato di veglia, tutte queste capacità le ha perdute. Anzi, esagerando forse un tantino, si potrebbe definire l'artista creatore un individuo in grado di creare senza dormire, in altre parole capace di creatività sebbene sia sveglio.

Di giorno, l'individuo corrisponde a una determinata cultura. Quello che di giorno diciamo dipende in larga misura dal luogo in cui siamo nati. Un africano appartenente a una tribù di cacciatori evidentemente parla di cose e secondo categorie diverse dalle nostre: ciò che diciamo ha carattere sociale. Nel sogno, invece, parliamo una lingua universale. Il nostro linguaggio diurno, si tratti della lingua materna o di una lingua straniera, è sempre socialmente condizionato, mentre il linguaggio onirico è una *lingua universale*, il *linguaggio dell'umanità*.

Come si spiega? Devo innanzitutto rifarmi a qualcosa che può apparire complicato, ma in realtà è semplicissimo, vale a dire alla differenza tra stato di veglia e sonno. Noi viviamo in due situazioni esistenziali, le quali ci appaiono talmente ovvie che spesso non ne siamo consapevoli: una parte della nostra vita la trascorriamo da svegli, un'altra parte dormendo. Ma che cosa significa essere svegli? Quando lo siamo, ci troviamo nella situazione di dover provvedere alla nostra sussistenza: dobbiamo lavorare, procurarci ciò di cui abbiamo bisogno per campare, difenderci da attacchi, in una parola lottare, arrabattarci. Una situazione che ha conseguenze precise per la nostra attività e per il nostro pensiero. Per la nostra attività, nel senso che dobbiamo tenerci in riga, comportarci come si aspetta da noi la società in cui viviamo, se vogliamo lavorare e produrre. Ma ben più importanti sono le conseguenze per le categorie del nostro pensiero e del nostro sentire.

Di giorno, non possiamo non vedere le cose come dobbiamo vederle per poterle manipolare, per poter intervenire su di esse, per utilizzarle, per ricavarne qualcosa. Dobbiamo comportarci razionalmente, il che significa: come gli altri, in modo che gli altri ci capiscano, ma anche in modo che gli altri ci sopportino e non ritengano di aver a che fare con uno squilibrato o un pazzo. Ragion per cui, pensiamo e sentiamo quello che ci viene prescritto dal «sano intelletto umano» e dal cosiddetto «sano sentire». Pensiamo e sentiamo di amare i nostri genitori, che questi e le altre autorità non soltanto vogliono ma anche sanno e fanno quanto è giusto, e via dicendo. Ci sentiamo felici o lieti quando è il momento di esserlo, e tristi quando la situazione è diversa, sebbene in realtà a volte non sentiamo assolutamente nulla ma soltanto pensiamo di sentirlo perché facciamo nostra un'espressione lieta o triste. E non pensiamo a cose che possono apparire assurde «perché non può né deve essere così». Il miglior esempio ce ne è fornito dalla favola di Andersen *Il vestito nuovo dell'imperatore*. Il sovrano è nudo, ma tutti gli adulti ritengono che abbia addosso panni meravigliosi, dal momento che è quanto si aspettano; e soltanto un bambino si avvede che il sovrano è effettivamente nudo, grazie al fatto che il suo pensiero non è ancora plasmato allo stesso modo del pensiero della veglia di gran parte degli esseri umani. Noi facciamo, pensiamo e sentiamo quello che da noi ci si aspetta quando siamo svegli.

Ecco ora un altro esempio di sogno che illustra questi concetti. Un dirigente gode di un'alta posizione in un'azienda; sopra di lui c'è un unico manager. E consciamente egli si dice: vado molto d'accordo con il capo, lo trovo simpatico, non incontro difficoltà nei rapporti con lui. Poi, però, il nostro dirigente fa un sogno: si vede imprigionato, le mani legate mediante il filo del telefono che ne penzola. E vede il manager disteso al suolo accanto a lui, in apparenza addormentato, e prova una rabbia spaventosa. Scorge un martello, lo afferra con le mani legate e tenta di spaccare la testa al manager. Lo colpisce, ma nulla accade: il manager apre gli occhi e lo guarda con espressione ironica. Mentre dunque il nostro dirigente crede di avere un buon rapporto con il superiore, il suo sogno ci rivela che in realtà lo odia, che si sente prigioniero, schiacciato, legato e del tutto impotente nei suoi confronti. È questa la realtà che egli vive nel sogno, e che nello stato di veglia è, almeno in apparenza, eclissata.

Che cosa dunque accade durante il sogno? Accade che siamo liberi. Può apparire sorprendente, fors'anche incredibile. Ma in un certo senso è lecito affermare che solo quando dormiamo siamo liberi, in altre parole che non abbiamo responsabilità alcuna circa la lotta per l'esistenza, che non dobbiamo conquistare nulla, non dobbiamo difenderci, non dobbiamo adattarci, ma pensiamo e sentiamo ciò che *noi* pensiamo e sentiamo. Nel sonno, il nostro pensiero e il nostro sentire toccano il massimo di soggettività; nel sonno non dobbiamo *fare* nulla, possiamo semplicemente *essere*; nel sonno non abbiamo scopi. Possiamo sperimentare il mondo come esso ci appare, come davvero lo vediamo, e non già come esso *deve* apparirci se vogliamo raggiungere questo o quello scopo. In altre parole, nel sonno l'inconscio si affaccia al proscenio. Ma l'inconscio non è nulla di misterioso; significa semplicemente che nel sonno ciò che nello stato di veglia non sappiamo appare come ciò che sappiamo e viceversa: nello stato di veglia non sappiamo ciò che invece sappiamo nel sonno. In altre parole: nello stato di veglia è inconscio ciò che nel sonno è conscio, mentre nel sonno è inconscio ciò che nello stato di veglia è conscio. Si ha dunque a che fare con due livelli diversi: uno conscio o inconscio nel sonno, l'altro conscio o inconscio nella veglia.

Questo significa forse che nel sonno noi siamo irrazionali, che obbediamo a impulsi? A volte sì, ma certo non sempre, e neppure nella maggioranza dei casi, sebbene Freud sostenesse che il sogno esprime sempre l'irrazionale contrapposto al razionale. Ma, come s'è detto, molto spesso nel sonno godiamo di maggior penetrazione, abbiamo una maggior sapienza perché siamo indipendenti, perché possiamo guardare e sentire senza paraocchi. Persino nel sonno esercitiamo una censura sui nostri sogni, non osiamo accettarne la libertà, ma alteriamo e mascheriamo il vero contenuto dei sogni, come faremmo se non volessimo che altri comprenda ciò che si vuole effettivamente dire. Accade insomma che non si voglia capire completamente se stessi neppure nel sonno. E se si dimenticano i sogni, è perché gran parte di quelli che facciamo non si adatterebbero alla vita della veglia, ma sarebbero fonte di turbamento e di irritazione.

Nel sogno dunque siamo creativi, possediamo capacità artistiche che nello stato di veglia ignoriamo, neppure sospettiamo. Ecco per esempio il sogno di un uomo che è anch'egli un manager di successo. (Questo e il sogno precedente non sono di miei pazienti, ma sono ripresi da studi sulla personalità dei dirigenti aziendali). Il personaggio in questione si sentiva al settimo cielo perché aveva successo; ed effettivamente aveva motivo di sentirsi felice grazie ai redditi e all'influenza di cui godeva: ci sentiamo di norma quali dobbiamo sentirci. Dunque, il nostro uomo è al colmo della felicità quando ecco che fa un sogno. All'inizio si trova sulla riva di un laghetto: acqua sporca, scura, un'atmosfera tetra, sgradevole. E, al risveglio, si sovviene che in effetti il lago in questione è assai simile a quello nei pressi del quale abitavano i suoi genitori: uno spiacevole ricordo, non solo del lago, ma anche dell'atmosfera, della tristezza e della povertà della sua infanzia. Il sogno continua, l'uomo si vede a bordo di una costosissima automobile su una modernissima strada che sale lungo un monte; procede a grande velocità, ha una sensazione di potenza e successo, è pienamente soddisfatto. Terza scena. L'uomo raggiunge la vetta, e all'improvviso si ritrova in un negozio di articoli pornografici. È completamente solo, mentre sull'auto era con la moglie; tutto attorno a lui è sporco e polveroso, ed egli si sente isolato, abbandonato. Il sogno ci dice ciò che in realtà l'uomo prova per la sua vita, per il suo destino. Per dirla in parole povere: quand'era bambino, tutto era sporcizia e tristezza, mentre adesso è l'uomo arrivato che a grande velocità s'avventa verso la vetta del successo; ma in conclusione, passata l'ebbrezza del successo, rieccolo nella stessa sporcizia, nella stessa povertà, nella stessa tristezza, nello stesso abbandono della sua infanzia. Tutto cessa, l'uomo è giunto al punto da dove è partito. La sua è una profonda intuizione del vuoto della sua esistenza, espressa in un linguaggio artistico, creativo.

È lecito affermare che molti sarebbero capaci di creatività se, durante il giorno, non fossero a tal punto oppressi dalla società – da quello che Heidegger chiama *man*, il «sì» impersonale – da non avere il coraggio di essere se stessi e di creare alcunché. In sostanza, una sconsolante costatazione circa la nostra società che non permette all'individuo di attuare le qualità creative insite in lui.

Nel sogno, noi indirizziamo una comunicazione a noi stessi – e nel Talmud, Berachot 55a, si legge: «Un sogno non interpretato equivale a una lettera non letta». In realtà, il termine «interpretare» non è del tutto esatto. Non occorre interpretare un sogno – non c'è niente da interpretare – allo stesso modo come non si interpreta il cinese o il francese quando li si impara. Quella che si apprende è una lingua che ha una propria grammatica, proprie forme: un linguaggio, quello del sogno, che esprime il vissuto e non serve alla descrizione di «fatti». Non è difficile apprendere il linguaggio del sogno: non occorre per questo essere psicoanalisti, lo si potrebbe apprendere già a scuola, quando si studiano lingue straniere. E se si cominciasse a farlo, a mio giudizio si godrebbe di notevoli vantaggi, perché, quando comprendiamo i nostri sogni, la sappiamo più lunga su noi stessi e su altri, e questo, come ho detto, può comportare vantaggi. Ma può anche comportare svantaggi, perché di solito non vogliamo sapere troppo su noi stessi e sul conto di altri: è solo fonte di disagio. E d'altro canto, conduciamo una vita più ricca, più piena, più sapida, quanto più sappiamo su noi stessi e quanto minori sono le illusioni che ci facciamo sugli altri. Senza contare che, se comprendiamo il linguaggio del sogno, ci distogliamo, almeno in parte, da quell'unilateralità intellettuale che al giorno d'oggi è caratteristica di gran parte degli individui; e allora non pensiamo più *esclusivamente* in termini concettuali, ma acquisiamo la capacità di differenziare le emozioni. Integriamo intelletto e sentimento, ci gettiamo alle spalle false alternative. Lungi da me l'idea di tessere gli elogi di un pericoloso antintellettualismo o, peggio ancora, di un nuovo sentimentalismo; voglio dire semplicemente che il linguaggio dei sogni può insegnarci qualcosa di cui, oggi più che mai, abbiamo bisogno per vivere: nel sogno possiamo diventare poeti.

Psicologia per non psicologi

1

Psicologia premoderna e moderna

Chi sono i non psicologi? E che cos'è la psicologia? Alla prima domanda, almeno in apparenza, è facile rispondere: sono non psicologi coloro che non hanno studiato psicologia, che non hanno una laurea o un diploma in questa materia. Sicché, com'è ovvio, gran parte delle persone sono non psicologi. Ma le cose non stanno così; si dovrebbe infatti dire che in realtà non esistono non psicologi, e che ogni uomo nel corso della sua vita esercita, e non può non esercitare, la psicologia: deve sapere quel che accade in altri, deve tentare di comprenderli; più ancora, deve tentare di prevedere come si comporteranno. A tale scopo, non è necessario che frequenti il laboratorio di un'università, ma deve recarsi – e in effetti non occorre neppure che ci si rechi – al laboratorio della vita di ogni giorno, in cui tutti gli esperimenti e tutti i casi possono essere da lui osservati e indagati. La domanda non dovrebbe dunque suonare: «Chi è psicologo e chi non è psicologo?», bensì: «Chi è un buono e chi è un cattivo psicologo?». E a mio giudizio lo studio della psicologia può contribuire a far diventare migliori psicologi.

E con ciò, eccoci alla seconda domanda: «Che cos'è la psicologia?». È assai più difficile rispondere a questa che non alla prima, e per farlo occorre procedere a piccoli passi. «Psicologia» significa letteralmente scienza della psiche, dell'anima, termine che però ci dice molto poco sulla scienza in questione, sull'oggetto della sua ricerca, sui metodi cui fa ricorso, sulle sue finalità.

Si ritiene per lo più che la psicologia sia una scienza relativamente moderna, e questo perché il termine è entrato nell'uso generale solo negli ultimi cento, centocinquant'anni. Ma si dimentica che c'è stata una psicologia premoderna, la quale ha avuto corso grosso modo dal 500 a.C. al XVII secolo, e che però non si chiamava «psicologia», bensì «etica» o, più spesso ancora, «filosofia», anche se si trattava appunto di psicologia. Quali erano la sostanza e gli scopi di tale psicologia premoderna? La risposta può essere così sintetizzata: *era la conoscenza della psiche umana avente come scopo il miglioramento dell'uomo*. Essa aveva dunque un proposito morale, si potrebbe addirittura dire religioso, spirituale.

Mi limito a fornire solo alcuni brevi esempi della psicologia premoderna. In primo luogo il buddismo, che comporta una psicologia ampia, quanto mai complessa e differenziata. Aristotele ha scritto un manuale di psicologia che però ha intitolato *Etica*. Gli stoici hanno elaborato una psicologia di altissimo interesse: molti di voi probabilmente conoscono le *Meditazioni* di Marc'Aurelio. In Tommaso d'Aquino si trova un sistema psicologico dal quale si può probabilmente apprendere più che non da gran parte degli odierni manuali di tale disciplina; vi si trovano interessantissime e assai approfondite trattazioni di concetti quali narcisismo, superbia, umiltà, modestia, sentimenti di inferiorità, e molti altri. Lo stesso vale per Spinoza, che ha scritto un'opera sulla psicologia da lui intitolata, al pari di quella di Aristotele, *Etica*. E Spinoza è il primo grande psicologo che abbia esplicitamente riconosciuto l'esistenza dell'inconscio, affermando che siamo consapevoli di tutti i nostri desideri, non però dei loro moventi. E in effetti, come si vedrà più avanti, è questo il fondamento della molto più tarda psicologia freudiana del profondo.

In epoca moderna fa la sua comparsa una psicologia di tutt'altro tipo, che risale a poco più di cent'anni fa. Diverso è il suo obiettivo: l'uomo vuol conoscere l'anima, la psiche, non già per diventare *migliore* ma, diciamolo pure senza peli sulla lingua, *per avere più successo*. Si vuole conoscere se stessi e gli altri per godere di maggiori vantaggi, per manipolare gli altri, per conferire a se stessi una fisionomia che sia meglio adeguata a chi vuole emergere.

La differenza di compiti tra psicologia premoderna e moderna riesce comprensibile solo se si tiene conto dell'entità del cambiamento che hanno subito la cultura e le mete della società. Certo, nella Grecia anticoclassica o durante il Medioevo gli uomini nel complesso non erano molto migliori di quanto siano oggi, e forse erano persino peggiori quanto a comportamento quotidiano; ma la loro esistenza era dominata da un'idea. La vita non appariva loro degna di essere vissuta solo per guadagnarsi il pane, ma doveva avere anche un senso, doveva servire alla piena realizzazione dell'uomo, e la psicologia era volta a questo scopo.

L'uomo moderno vede le cose in un'altra luce. Non è proteso tanto a *essere* di più, quanto ad *avere* di più: una posizione migliore, più denaro, più potere, più considerazione. E noi oggi sappiamo – lo si dice sempre più spesso, e lo si vede forse con maggiore chiarezza nel paese più economicamente avanzato e più ricco del mondo, gli Stati Uniti – che sono sempre più numerosi coloro i quali dubitano che queste mete li rendano davvero felici. Ma è inutile parlarne qui. Resta il fatto che questi due obiettivi conferiscono anche alla psicologia due diversi indirizzi; e converrà spendere due parole sulla psicologia moderna per chiarire che cosa si deve intendere con questo termine.

La psicologia moderna ha avuto esordi assai modesti, interessandosi dapprima allo studio della memoria, di fenomeni acustici e visivi, di associazioni mentali oltre che di animali. Wundt è forse il più significativo e importante tra gli iniziatori della psicologia moderna; gli studiosi dell'epoca non scrivevano per il vasto pubblico, erano poco noti, le loro opere si rivolgevano a colleghi, e ben pochi erano i «profani» che si interessavano ai loro lavori e alle loro pubblicazioni.

La situazione cambiò radicalmente allorché la psicologia cominciò a divenire popolare, e fu quando si occupò di una *questione fondamentale*, quella dei moventi del comportamento umano. È stata questa la tematica della psicologia negli ultimi cinquant'anni. Si tratta di una questione che com'è ovvio interessa tutti, dal momento che ognuno vorrebbe sapere: quali sono i miei moventi, perché sono portato a comportarmi così e non altrimenti? E se la psicologia gli promette di dirgli qualcosa in merito, è chiaro che ai suoi occhi acquista grande valore. Ecco perché la psicologia delle motivazioni è diventata forse la più popolare delle scienze: una popolarità che non è andata certo diminuendo, ma anzi crescendo negli ultimi decenni.

Due sono le sue scuole principali: quella della teoria degli istinti e quella comportamentistica o behavioristica. Per prima cosa, qualche osservazione sulla *teoria istintuale*, la quale deve la propria origine a uno dei massimi pensatori del secolo scorso, Charles Darwin, il quale si interessò anche agli istinti come motivazioni umane. Basandosi sulle sue ricerche, si è andata a mano a mano elaborando una teoria la quale in sintesi afferma che ogni azione ha un movente, e che ognuno dei moventi è un istinto autonomo innato nell'uomo né più né meno degli istinti nell'animale. Se un individuo è aggressivo, la causa va ricercata nel suo istinto di aggressione; nell'istinto di sottomissione se uno è sottomesso, nell'istinto di possesso se aspira al possesso, se è cupido; nell'istinto di gelosia se è geloso; nell'istinto di cooperazione se è propenso alla collaborazione; nell'istinto di fuga se è pronto a svignarsela, e via dicendo. Nel complesso i teorici dell'istinto hanno elencato circa duecento diversi istinti ciascuno dei quali costituirebbe il movente di un preciso comportamento umano, così come ogni tasto di un pianoforte dà un suono particolare.

I principali rappresentanti dell'indirizzo in questione sono stati due americani, William James e William McDougall. Da quanto vi vado dicendo potreste forse ricavare l'impressione che si tratti di una teoria semplicistica, decisamente ingenua; ma non è affatto così. Sulle fondamenta a suo tempo gettate da Darwin, questi due studiosi, e con loro altri pensatori di grande incidenza e acutezza, hanno eretto un interessantissimo edificio – il quale però, a mio giudizio almeno, non è costruito a regola d'arte. Anzi, non si tratta neppure di un edificio, bensì di un progetto rimasto per forza di cose a metà. L'ultima grande versione della teoria istintuale, che ha conosciuto vastissima popolarità, è quella di Konrad Lorenz, il quale ha ricondotto l'aggressività umana a un più o meno innato istinto d'aggressione.

L'insufficienza di tali teorie va ricercata nella loro tendenza alla semplificazione; può apparire infatti assai facile postulare in via teorica un istinto per ogni singola azione. In effetti, così facendo non si chiarisce un bel nulla; ci si limita ad affermare: l'azione ha un movente, ogni singola azione ha un movente particolare, tutti i moventi sono innati. Non si è però riusciti a comprovarlo per la stragrande maggioranza dei cosiddetti istinti; ci sono comportamenti – come ad esempio l'aggressione difensiva o la fuga, ed entro certi limiti la sessualità, a proposito della quale però non si può affermarlo con altrettanta sicurezza – in cui sono reperibili componenti quasi istintuali; ma anche nel loro caso resta il fatto che l'apprendimento, l'influsso culturale e sociale, possono modificare in misura vastissima questi impulsi innati, a un punto tale, anzi, che negli esseri umani e negli animali sottoposti alle modifiche in questione essi sono quasi scomparsi o risultano enormemente accentuati.

Un'altra difficoltà contro cui la teoria cozzava era costituita dal fatto che certi istinti appaiono molto robusti in alcune persone e culture, mentre altrove risultano assai poco sviluppati. Ci sono per esempio etnie primitive straordinariamente aggressive, mentre altre sono quasi prive di aggressività: costatazioni che si possono fare anche a proposito di singoli individui. E accade così che se oggi un tale va dallo psichiatra e gli dice: «Dottore, sono fuori di me dalla rabbia, vorrei ammazzare tutti, mia moglie, i miei figli, me stesso», il medico non concluderà: «Già, già, ecco un uomo il cui istinto di aggressività è particolarmente forte», ma formulerà una diagnosi e concluderà: «Costui deve essere malato, perché l'aggressività che esprime, l'odio che si porta dentro, non può che essere una manifestazione patologica». Se di istinto si trattasse, sarebbe un fenomeno naturale, non già il sintomo di una malattia.

È facile inoltre costatare – ed è cosa della massima importanza – che proprio gli uomini più primitivi, i cacciatori e i raccoglitori, collocati negli stadi iniziali della civilizzazione, erano gli esseri umani meno aggressivi; e se l'aggressività fosse innata, sarebbero proprio cacciatori e raccoglitori a manifestarla con la massima chiarezza, laddove invece si può comprovare il contrario, e cioè che con l'avanzare della civilità – suppergiù dal 4000 a.C., con la costruzione di grandi città, regni, gerarchie, eserciti, con l'invenzione della guerra e della schiavitù, e uso di proposito il termine «invenzione» perché non si tratta affatto di fenomeni naturali – il sadismo, l'aggressività, la brama di sottomettere e distruggere, sono cresciuti in misura enorme, raggiungendo dimensioni ben maggiori che non nei gruppi primitivi e preistorici.

Queste difficoltà hanno indotto l'altra scuola, la *behavioristica*, ad affermare esattamente il contrario, vale a dire che nulla è innato, che tutto è solo conseguenza di circostanze sociali e di abilissime manipolazioni degli esseri umani a opera della società o della famiglia. Il più importante e celebre rappresentante di tale scuola è oggi il professor Skinner, un americano che nel suo libro, il cui titolo tradotto suona *Al di là della libertà e della dignità*, ha affermato a grandi linee che concetti come libertà e dignità sono pure finzioni, che né l'una né l'altra esistono, e sono soltanto il prodotto dell'influenza esercitata sugli esseri umani, i quali così concepiscono l'idea di una possibile libertà; nella natura dell'uomo non sarebbe insomma reperibile né un desiderio di libertà, né il sentimento della propria dignità. Un semplice esempio di questa teoria: Pierino non vuole mangiare gli spinaci; la madre per questo lo punisce ma, come certo molti genitori sanno, non ottiene granché. Dice Skinner: il metodo è sbagliato. Bisogna invece non parlare affatto di spinaci, ma semplicemente metterli in tavola; se Pierino ne mangia un po', la mamma gli sorride e gli promette un altro pezzo di torta. La volta successiva, riecco gli spinaci in tavola; e Pierino è già disposto a mangiarli; la mamma lo guarda compiaciuta e gli dà un pezzo di cioccolata; e così via, finché Pierino non sia condizionato, vale a dire non abbia appreso che, se mangia gli spinaci, riceve una ricompensa. Chi non vorrebbe avere una ricompensa? E ben presto, Pierino mangia gli spinaci di gusto, preferendoli a ogni altra verdura. Be', può darsi che le cose non vadano così; e Skinner ha speso molte energie per spiegare il metodo migliore per ottenerlo: la ricompensa non va data sempre, ma di tanto in tanto sospesa e poi ripresa. Molte abili ricerche ed esperimenti sono stati compiuti per costatare come si fa a sedurre più efficacemente gli esseri umani, a indurli con la promessa di ricompense a fare ciò che vuole colui che dà le ricompense. Perché questi lo voglia, è cosa che a Skinner non interessa: si limita a sostenere che non esistono valori privi di un qualche significato obiettivo.

Cosa comprensibilissima, se si tiene conto della situazione dello psicologo nel suo laboratorio. Che i topi o i conigli mangino o meno, è del tutto privo d'interesse: ciò che conta è solo che con i mezzi in questione, si riesca a indurli a mangiare o a non mangiare.

E siccome gli psicologi comportamentisti considerano anche l'uomo – e credo persino se stessi – alla stregua di conigli da laboratorio, ai loro occhi non importa stabilire perché e per quale motivo lo si debba condizionare, bensì solo il fatto che si può farlo e il modo migliore per ottenerlo. Il behaviorismo scinde il *comportamento* dell'uomo dall'*uomo*; non indaga sull'individuo che agisce, bensì unicamente sul prodotto dell'azione, identificando con questo l'intero comportamento. Quanto a ciò che si celi dietro il comportamento stesso, vale a dire l'uomo, l'affermazione esplicita è che si tratta di un aspetto irrilevante, di pura speculazione filosofica. Ai behavioristi interessa solo ciò che l'uomo *fa*, e non si curano del perché un numero così elevato di individui non reagisca come dovrebbe reagire se la teoria rispondesse al vero. Il behaviorista non è affatto turbato dall'evidenza che molti uomini si ribellano, non si adattano, restano indifferenti agli allettamenti anche più sottili, che in sostanza sono quelli indicati da questa teoria, ma si comportano in maniera esattamente opposta. Il behaviorismo parte dal presupposto che la maggioranza degli individui preferisce lasciarsi corrompere che non essere se stessi e realizzare ciò che è implicito nella loro sostanza e nel loro carattere.

La teoria istintuale e quella behavioristica nonostante le grandi differenze hanno qualcosa in comune: per l'una come per l'altra, l'uomo non è affatto il plasmatore della propria esistenza. L'uomo della teoria istintuale è impulso dal passato umano e animale; l'uomo del behaviorismo è impulso da situazioni sociali, da condizioni effettive, è mosso dalle arti seduttive, opportunistiche della sua società, così come l'uomo dell'altra teoria è condizionato dal passato della sua specie. Ma nessuno dei due uomini, o per meglio dire nessun modello umano delle due teorie, è mosso da ciò che vuole, da ciò che è, da ciò che corrisponde alla sua essenza.

Le due grandi tendenze in questione rappresentano il grosso di quella che oggi si usa chiamare «psicologia moderna». La vittoria per il momento sembra spettare alla psicologia behavioristica: sono behavioristi gran parte dei professori di psicologia delle università americane, e largamente affine appare la psicologia sovietica, per motivi sociali facilmente comprensibili, sui quali non voglio soffermarmi.

2

I tre concetti fondamentali di Sigmund Freud

Alle due correnti dianzi descritte, se ne aggiunge una terza: la psicoanalisi detta anche psicologia del profondo, fondata da Sigmund Freud. Questi si era riproposto di comprendere razionalmente le pulsioni umane, soprattutto le irrazionali. Voleva insomma capire quali siano le cause, le condizioni dell'odio, dell'amore, della sottomissione, della distruttività, dell'invidia, della gelosia, vale a dire di tutte quelle passioni che i grandi scrittori (e basti pensare a Shakespeare, a Balzac, a Dostoevskji) si sono provati a descrivere nei loro drammi e romanzi. Freud voleva farne oggetto di ricerca scientifica, creando così la scienza dell'irrazionale, proponendosi di penetrarlo, non già in termini artistici, bensì in maniera appunto razionale. Risulta così comprensibile perché la teoria di Freud abbia attratto molto più gli artisti, soprattutto i surrealisti, che non gli psicologi o gli psichiatri i quali essenzialmente consideravano prive di senso le idee di Freud, le cui ricerche corrispondevano esattamente alle questioni che gli artisti si ponevano: che cosa sono le passioni umane, e come fare per comprenderle? Laddove gli psichiatri si proponevano tutt'al più di stabilire come si potesse curare l'uomo da sintomi che gli provocavano tormenti o che lo rendevano inadatto alle esigenze della società e al suo personale sviluppo.

Freud – ed è della massima importanza capirlo – intendeva sondare scientificamente non solo i moventi dell'agire, vale a dire le passioni, ma, esattamente come la psicologia premoderna, e contrariamente ai due rami principali della psicologia moderna, si proponeva anche uno scopo morale: l'uomo deve conoscersi, deve scoprire il proprio inconscio per pervenire all'indipendenza. L'obiettivo di Freud era il dominio della ragione, la distruzione delle illusioni, in modo che l'uomo divenisse libero ed emancipato. Le sue aspirazioni morali erano le stesse dell'Illuminismo, del razionalismo: un obiettivo che trascendeva di gran lunga quello che tutto il resto della psicologia intendeva appunto con tale termine e che proponeva a se stessa, in quanto si limitava a scoprire il modo di ottenere un miglior funzionamento dell'uomo. La meta di Freud era invece un modello umano che da molti punti di vista coincide con quello dei grandi filosofi dell'Illuminismo.

La teoria di Freud e il modo in cui è stata formulata, erano tuttavia in larga misura condizionati dallo *Zeitgeist*: darwinismo, materialismo, istintivismo. Per tale motivo, qua e là Freud espone la propria teoria in termini tali da far credere che fosse egli stesso istintivista, cosa che ha portato a grossi equivoci. Cercherò ora di mostrare quello che a mio giudizio costituisce il nocciolo delle scoperte di Freud, con l'avvertenza che si tratta com'è ovvio di un'opinione personale, non condivisa dalla maggioranza degli psicoanalisti.

Il primo, fondamentale concetto è quello di inconscio, vale a dire di *rimozione*. Oggi esso è per lo più dimenticato, e parlando di psicoanalisi si pensa a io, *superio ed es*, a complesso di Edipo e a teoria della libido, vale a dire proprio a quei temi che Freud ha tralasciato nella sua definizione dell'essenza della psicoanalisi.

Occupiamoci innanzitutto del rimosso. Spesso ci capita di essere impulsi da moventi dei quali siamo del tutto inconsapevoli, e mi sia permesso a questo proposito fornire un piccolo, banale esempio. Qualche tempo fa è venuto a trovarmi un collega al quale sapevo di non essere molto simpatico, ed ero anzi un tantino sorpreso del fatto che fosse venuto da me. Il collega suona, io apro l'uscio, lui mi porge la mano e dice con tono cordiale: «Arrivederci!». Il che significa che, inconsciamente, avrebbe voluto essersene già andato; la prospettiva della visita non era stata affatto fonte di gioia per lui, come risultava da quell'«arrivederci» al posto di un «buongiorno». Che cosa potevo dire a mia volta? Assolutamente nulla; essendo il collega uno psicoanalista come me, sapeva esattamente che cosa aveva rivelato, e come non poteva certo giustificarsi con un: «Non volevo dire questo». Sarebbe stato semplicemente ingenuo, dal momento che entrambi sapevamo che si trattava, non già di interpretare a posteriori un lapsus, bensì di leggerlo in trasparenza. Sicché, la situazione era imbarazzante, e ambedue siamo rimasti in silenzio. Ma si tratta solo di un esempio, di episodi che si verificano cento e cento volte, e Freud ha edificato la sua dottrina su molti casi del genere.

Possiamo prenderne un altro, quello di un padre sadico che

picchia il figlio: episodi che oggi si verificano, a mio giudizio, con minor frequenza di cinquant'anni fa. Dunque, un padre sadico, vale a dire un uomo che prova piacere a infliggere dolori ad altri oppure a esercitare un rigido controllo sugli altri. Se gli si chiedesse perché si comporta così (e di solito non c'è bisogno di domandarglielo, è prontissimo a spiegarlo da solo), la sua risposta suonerà: «Devo far così, se voglio che mio figlio diventi o rimanga un uomo onesto; lo faccio per amor suo». E voi gli credete? Forse sì, forse no; ma guardatelo in faccia! Guardate la sua espressione mentre picchia il figlio, osservate la luce che gli si accende negli occhi, e vi renderete immediatamente conto che avete a che fare con un uomo pieno di odio e in pari tempo felice di poter infierire su qualcun altro. La stessa espressione che si nota in poliziotti (non in tutti, naturalmente), in certe infermiere, in certi carcerieri e in tante altre situazioni personali: un'espressione che viene più o meno mascherata, a seconda dell'interesse che l'individuo ha a farlo. Ma restiamo all'esempio del padre. Chi lo osservi, capisce immediatamente che i suoi moventi non sono quelli da lui invocati; l'uomo non ha affatto di mira la salvezza del figlio: questa è solo una «razionalizzazione»; il suo vero movente è un impulso sadico, del quale tuttavia egli non è consapevole.

Possiamo anche rifarci a un esempio di ben maggiore incidenza storica, quello di Adolf Hitler, il quale consciamente ha sempre sostenuto di volere il bene della Germania: la grandezza, la salvezza, l'importanza mondiale della Germania, e via dicendo. Sebbene impartisse ordini crudelissimi, a quanto è dato sapere non ha mai avuto chiara cognizione che si trattasse appunto di crudeltà. È sempre stato convinto di agire mosso dal desiderio di riuscire utile al suo paese, che le sue azioni fossero volte all'attuazione delle leggi storiche in nome del destino, della razza, della Provvidenza. E non si rendeva affatto conto di essere un individuo animato dalla gioia della distruzione. Non riusciva a tollerare la vista di soldati caduti, di case distrutte, ed è per questa ragione che durante la Seconda guerra mondiale mai si recò al fronte. E non per viltà, ma piuttosto perché gli riusciva insopportabile la visione delle conseguenze concrete della sua brama di distruzione. Una situazione non molto diversa da quella di un individuo affetto da coazione a lavarsi. A livello conscio, desidera essere perennemente pulito· ma se lo si sottopone ad analisi si scopre che inconsciamente sa di avere le mani sporche di sangue e di altre sostanze ripugnanti, e che vuole liberarsi da ciò che in lui è presente in forma appunto inconscia: un crimine, magari latente, un proposito delinquenziale, che deve essere di continuo allontanato. Qualcosa del genere c'era in Hitler. Il quale non subiva la coazione a lavarsi, ma molti osservatori hanno notato che era sempre impeccabile, in misura ben superiore alla media delle persone pulite. È evidente il parallelismo: in realtà, Hitler non voleva scorgere la propria brama di distruzione, ma la rimuoveva, avendo cognizione solo dei suoi buoni propositi. Cosa che tuttavia era possibile solo entro certi limiti. Infatti, quando dovette arrendersi all'evidenza che la Germania o, per meglio dire, lui stesso, aveva perduto la guerra, la rimozione in questione cessò, ed ecco all'improvviso Hitler volere la distruzione dell'intera Germania, dell'intero popolo tedesco. Hitler si disse: «Questo popolo non merita di continuare a vivere perché non è riuscito a vincere la guerra». Sicché, alla fine la sua pura brama di distruzione trovò piena espressione; in realtà, era stata sempre presente nel suo carattere, era stata solo rimossa e razionalizzata, e tale continuò a essere finché il mascheramento non poté più essere sostenuto. Ma anche allora Hitler fece ricorso a una razionalizzazione: «I tedeschi devono morire perché non meritano di continuare a vivere».

In esempi del genere, più o meno drammatici, ci si imbatte ogni giorno: dappertutto ci sono individui che ignorano i propri reali moventi perché non possono sopportarne, per molte ragioni, la cognizione, perché non vogliono sapere di se stessi qualcosa che contrasta con la loro coscienza oppure con l'opinione pubblica, e si rendono conto che verrebbero a trovarsi in una situazione per loro stessi assai difficile se fossero al corrente di ciò che li muove. Preferiscono pertanto non esserne consci e non entrare dunque in conflitto con una parte di loro stessi, con il loro «io migliore» oppure con le idee della maggior parte delle «persone oneste».

Ma ecco rivelarsi una conseguenza assai interessante della rimozione. Se si indicano alle persone i veri moventi del loro comportamento, reagiscono – ed è questo il secondo punto della mia trattazione – con quella che Freud chiamava *resistenza*: si ribellano all'informazione loro fornita, respingendola con il massimo vigore anche qualora chi l'ha fatto fosse bene intenzionato e avesse di mira il loro interesse. Gli individui non vogliono accogliere la realtà, nei confronti dell'informazione e non si comportano certo come un automobilista al quale un altro renda noto che la sua portiera è mal chiusa o che i fari non sono accesi; l'automobilista sarà lieto e grato di venirlo a sapere. Ben diverso è l'atteggiamento di persone alle quali venga fatto presente che operano una rimozione; esse reagiscono con la resistenza. In tutti i casi di rimozione dianzi citati, c'è da aspettarsi che chi la opera opponga resistenza qualora gli si spieghi ciò che in effetti avviene dentro di lui, vale a dire la realtà, la sua realtà interiore, anziché la finzione che si è andata costruendo.

Come dunque si comportano gli individui che oppongono resistenza? Una reazione assolutamente tipica è quella di collera, stizza, aggressività. Chi oda quello che non vuol sentire, va in bestia: è come se volesse allontanare il testimone del misfatto. Non può ammazzarlo – sarebbe troppo rischioso – per cui lo toglie in un certo senso di mezzo in maniera simbolica. Si arrabbia, protesta: «Tu sei mosso semplicemente da invidia, da prave intenzioni. Tu mi odi, provi gioia a dirmi cose che mi feriscono», eccetera. A volte si infuria talmente, da riuscire addirittura pericoloso; comunque, l'entità della sua collera varia, una volta ancora, con le circostanze. Quando risulti imbarazzante lasciare briglia sciolta all'io (per esempio nel caso di un dipendente nei confronti del suo superiore), si preferisce non dir nulla; ma andarsene a casa e magari sfogare il malumore sulla moglie. Ma quando non ci sono pericoli del genere, ed è il caso del superiore verso il dipendente, spesso accade che nei confronti della critica di questi (e si noti che la critica in questione è un richiamo a qualcosa di vero, effettivo) per lo più la reazione sarà di sovrana altezzosità, e consisterà per esempio nel far sentire al sottoposto la sua condizione di inferiorità o, più semplicemente, nel metterlo alla porta. E naturalmente, non lo si farà avendo consapevolezza che l'altro ha inferto una ferita – e del resto, come potrebbe quell'omuncolo ferire chicchessia? – bensì con il pretesto che quel piccolo miserabile è un calunniatore, un essere abbietto.

Un'altra, più semplice modalità di resistenza consiste nell'ignorare le parole udite. Soprattutto quando l'osservazione non è stata di grande portata, se non è stata particolarmente sottolineata, capita sovente che si finga di aver frainteso o di non aver udito.

Non sempre è possibile farlo, com'è ovvio, e tuttavia è questa la più semplice forma di resistenza e una delle più diffuse.

Un'altra forma ancora consiste nel sentirsi stanchi o depressi, metodo noto a molti coniugi. Quando accade che essi dicano qualcosa che porta alla luce il vero movente del comportamento dell'altro, questi si mostra turbato e rassegnato, e spesso accade che a sua volta assuma la posizione dell'accusatore e, in silenzio o esplicitamente, ritorca il rimprovero: «Vedi che cosa hai fatto? Guarda come sono depresso, guarda in che stato mi ha messo la tua osservazione!». E poco importa che questa corrispondesse o meno al vero; e ben presto, chi l'ha fatta, edotto dall'esperienza, si guarderà bene dall'accennare ancora a moventi inconsci, ben sapendo che la pagherebbe cara.

Un'ulteriore forma di resistenza consiste nella fuga, e anche questa a volte si verifica nella situazione matrimoniale, allorché si costati che il partner ha scoperto qualcosa che si voleva tenergli nascosto, magari inconsciamente. Comunque, uno dei partner avverte che l'altro la sa più lunga sul suo conto di lui stesso: una situazione che riesce intollerabile, di cui non si vuole prendere atto dal momento che non si ha nessuna intenzione di cambiare. Si vuol essere come si è, e non resta dunque che tagliare la corda. Lo si costata spesso anche in psicoanalisi: non sono rari i pazienti che interrompono il trattamento quando accade che l'analista dica qualcosa che essi non vogliono sentire, e naturalmente la giustificazione suona: «L'ho fatta finita perché l'analista è matto. Ha detto cose sul mio conto che dimostrano a che punto sia fuori di sé. Mi chiedo come ha potuto fare affermazioni del genere!». Chiunque altro saprebbe che l'analista ha perfettamente ragione, ma chi sia toccato dalle sue osservazioni e abbia una terribile paura di dover cambiare, può reagire soltanto con la violenza (e intendo riferirmi a tutte le forme e i gradi di violenza): «Non voglio più vederti, non voglio più sentire cose simili!».

Ben diversa è la situazione quando un individuo è disposto a cambiare. Una persona che comprenda davvero se stessa, che voglia conoscere la verità sul proprio conto per poter mutare, di norma non reagirà con rabbia, fuga, eccetera, ma sarà sostanzialmente grata che gli si dicano cose necessarie al suo sviluppo – non meno grata di quanto lo sarebbe nei confronti del medico che diagnostichi la malattia da curare. Ma la maggior parte degli individui non sono affatto disposti a cambiare: vogliono semplicemente comprovare di non aver proprio nulla da cambiare. A mutare devono essere gli altri.

Nel complesso si può affermare, senza tema di smentite, che una parte cospicua delle nostre energie se ne va in rimozioni e in resistenze qualora accada che si metta il dito sul rimosso; e, com'è ovvio, si tratta di uno spreco enorme di forze, che impedisce a molti di usare a fini utili le proprie riserve e capacità.

E ora, il terzo concetto fondamentale di Freud, quello di *transfert*, termine con cui Freud in sostanza designava il fatto che il paziente vive l'analista come una persona della sua prima infanzia, vale a dire il padre o la madre, e che la sua reazione nei confronti dell'analista stesso a conti fatti non corrisponde all'individuo che gli sta davanti o siede alle sue spalle in carne e ossa: lo sperimenta come un altro, appunto la madre, il padre, un nonno, una persona cioè che abbia avuto importanza per lui bambino. Mi limiterò a riportare un breve esempio che illustra egregiamente quanto ho detto. Un analista mi ha raccontato di una sua paziente con cui aveva a che fare già da tre settimane, e che un giorno, mentre usciva dallo studio, lo squadrò e gli disse: «Ma come, lei non ha la barba?». L'analista non aveva mai avuto la barba, e la paziente per tre settimane era stata convinta del contrario perché suo padre invece l'aveva. L'analista era un'entità astratta, la paziente non l'aveva mai visualizzato come persona reale, bensì come il proprio padre, e dunque l'analista non poteva non avere la barba.

Ma il concetto di transfert ha un significato che va ben al di là di quanto è dato osservare nel corso della terapia psicoanalitica. Da un punto di vista generalissimo, si può dire che il transfert è forse una delle cause di maggior momento di *errori e conflitti* umani nell'apprezzamento della realtà. Nel transfert, noi vediamo il mondo con gli occhiali dei nostri desideri e delle nostre paure, e scambiamo l'illusione per realtà. Vediamo i nostri simili, non già quali sono davvero, bensì quali desideriamo o temiamo che siano; ci facciamo di loro un'idea illusoria che sostituiamo alla realtà. Non li conosciamo quali sono, bensì quali ci appaiono, e con loro non ci comportiamo come con persone in carne e ossa, concretamente esistenti, bensì come con un prodotto della nostra fantasia.

Basteranno, a chiarire quel che voglio dire, un paio di esempi. Ammettiamo che due persone si innamorino l'una dell'altra, cosa che succede meno spesso di un tempo, perché oggi si fa ricorso a metodi assai più spicci – ma non è di questo che voglio parlare. Ammettiamo dunque che due individui si innamorino davvero, che siano cioè pervasi della bellezza, delle virtù, delle qualità dell'altro, che si sentano potentemente attratti a vicenda. A volte tutto questo porta al matrimonio, e poi, magari a distanza di soli sei mesi, può accadere che si scopra che l'altro non è l'individuo di cui ci si era innamorati: è tutt'altra persona. Ci si era innamorati di un fantasma, di un oggetto di transfert, perché nell'altro si era visto solo ciò che si voleva vedere, forse tratti materni o paterni, o magari bontà, intelligenza, sincerità; e non ci si è avveduti che si trattava di un'illusione. E spesso accade allora che si odi l'altro perché si crede di esserne stati ingannati; in effetti, ci si è autoingannati, nel senso che si è avuto occhi per un'illusione, non per la realtà. Ma non dovrebbe essere così, e così non sarebbe se gli uomini imparassero a comprendere il transfert.

Lo stesso vale anche per l'ambito della politica. Basti pensare all'entusiasmo, al trasporto che milioni di individui hanno provato per capi, per duci o *Führer* (e non ce ne sono stati solo in Italia o in Germania, ma anche in altri paesi). A volte i capi in questione erano cattivi, altri buoni. Ma non è questo il punto, sebbene si tratti di una questione di grande importanza: ben più importante, ed è facile costatarlo, è il fatto che gran parte degli esseri umani (e va detto: per fortuna, sebbene la caratteristica di cui parlo sia quanto mai pericolosa) provano un profondo desiderio di qualcuno che venga a salvarli, che dica loro la verità, che offra loro sicurezza, che li guidi, che voglia il loro bene. E quando arriva uno che sa impersonare tutto questo, proporsi come colui che vuole il loro bene, gli esseri umani operano un transfert, proiettano su di lui le proprie attese e credono di aver davvero a che fare con il salvatore, con il redentore, anche se in realtà si tratta di un distruttore che apporterà rovina e infelicità a loro e al paese tutto quanto. Tali grandi aspettative sono spesso sfruttate anche da capi da quattro soldi: molti uomini politici che fanno buona impressione perché sono telegenici, perché dicono quello che il pubblico vuole sentirsi dire, perché baciano bambini e in apparenza almeno confermano l'illusione che si ha a che fare con una persona bene intenzionata, che per lo meno ama i bambini e dunque non odia tutti i suoi simili, si servono sistematicamente della tendenza al transfert degli esseri umani, e su questa costruiscono il proprio successo.

Tutte cose che non accadrebbero se si avesse una migliore comprensione del transfert, se ci si desse un po' più la pena di distinguere tra cose impregnate delle proprie attese e il non-preconcetto, se dunque ci si sforzasse di assumere un atteggiamento *critico*. A volte accade che piccoli gesti insignificanti siano assai più rivelatori di ciò chc gli individui affermano, dei loro grandi discorsi. Se si sapesse interpretare meglio il transfert, potrebbe accadere che l'amore, il matrimonio, la stessa vita politica venissero affrancati da una maledizione – la calamità della confusione tra immagine fittizia e realtà. Certo, non è facile distinguere tra l'una e l'altra: occorrono studio e pratica quotidiana. Ma ognuno di noi ha a disposizione un laboratorio a casa sua, e la televisione d'altra parte offre, accanto ai molti svantaggi, almeno da questo punto di vista un grosso vantaggio: rivela con estrema precisione qualità e difetti altrui, perché ci dà modo di osservare, senza infingimenti di sorta, volto, gesti, espressione dei personaggi che compaiono sullo schermo; possiamo così imparare molte cose sui capi politici ripresi dalle telecamere. Ma possiamo apprendere molto sul loro conto solo se sappiamo osservare nella maniera giusta, e ripeto dunque che la cognizione del transfert, nei rapporti individuali e politici, potrebbe essere di importanza decisiva ai fini di un miglioramento della vita pubblica e privata.

3

I successivi sviluppi della psicoanalisi

Mi sembra opportuno illustrare brevemente oltre alle diverse scuole psicoanalitiche, anche il loro sviluppo non senza un accenno al loro futuro. Il primo ad avere dato ulteriore impulso all'analisi è stato *Sigmund Freud* stesso, che a partire dagli anni venti, revisionò la sua vecchia teoria basata sul conflitto tra pulsione sessuale e pulsione all'autoconservazione e ne elaborò una nuova che si fonda sul conflitto tra due forze biologiche, quella distruttiva e quella che spinge all'unione, alla fusione: pulsione di morte e pulsione di vita. Non posso qui soffermarmi sul significato di codesto sviluppo che comunque, sebbene Freud non lo considerasse tale, costituisce un decisivo superamento, si potrebbe addirittura dire una nuova scuola della psicoanalisi freudiana.

Un altro, importante sviluppo della psicoanalisi è dovuto a *Carl Gustav Jung* il quale, come del resto gran parte degli psicoanalisti che si sono scissi da Freud elaborando concezioni autonome, ha respinto la tesi del ruolo centrale della sessualità, intendendo l'energia psichica come un tutto unico, dando il nome di «libido», non più alle energie sessuali, bensì a energie psichiche in generale e tentando, con grande ingegnosità e profondità, di identificare in miti e simboli dei vari popoli, comprese le culture più primitive e a noi completamente estranee, quanto è dato rinvenire nell'inconscio del singolo paziente.

Alfred Adler non si è interessato invece al mito e al profondo, quanto piuttosto alla strategia della lotta per la vita, individuando così nella volontà di potenza il perno delle motivazioni umane. Ma, dicendolo, rischio di banalizzare Adler, le cui opere sono di straordinaria intelligenza e complessità e hanno contribuito in larga misura alla nostra conoscenza dell'uomo; senza contare che Adler è stato il primo – ben prima di Freud – ad attribuire, nel proprio sistema psicologico, un ruolo decisivo all'aggressività umana.

Ricorderò poi due altre scuole che hanno parecchio in comune: in primo luogo la scuola psichiatrica fondata dallo svizzero Adolf Meyer, vivente in America e che è stato seguito da uno dei massimi psicanalisti statunitensi, *Harry Stack Sullivan*, le cui idee hanno poi trovato l'espressione più radicale e, a mio giudizio, anche più fruttuosa, nell'opera dello psicologo inglese *Ronald D. Laing.* Al di là di tutte le differenze, questi studiosi hanno in comune il rifiuto di quella visione unilaterale per cui la sessualità sarebbe *la* molla del comportamento umano, e l'interesse per i rapporti interumani, per quanto accade tra individui che agiscono e reagiscono l'uno sull'altro, e per la fisionomia che assume la loro vita in comune. Val la pena di ricordare che questi psicoanalisti hanno appuntato la loro attenzione soprattutto sulla schizofrenia, che in sostanza non trattano alla stregua di una malattia in senso convenzionale, bensì come una conseguenza dell'esperienza personale, del rapporto interumano, la quale ha, è vero, gravissime conseguenze, ma rappresenta in primo luogo un problema psicologico, come del resto tutte le altre manifestazioni psicopatiche. Laing si è spinto più avanti di tutti su questa strada, riuscendo a individuare con la massima chiarezza il nesso tra la schizofrenia come «malattia» individuale e la situazione sociale, non solo nell'ambito della famiglia, ma della società tutta quanta.

Non dissimili sono le teorie elaborate da tutta una serie di altri psicoanalisti: quelle di Fairbank, di Guntrip, di Balint e la mia stessa opera partono dalle stesse premesse, con la differenza che non hanno di mira in primo luogo le schizofrenie, ma richiamano soprattutto l'attenzione sulle forze sociali ed etiche che intervengono a plasmare i rapporti interumani.

Indicati così i principali sviluppi della psicoanalisi, converrà porsi un'ultima, importante domanda: quale può essere il *futuro della psicoanalisi?* Non è certo facile parlarne, perché a tale proposito le opinioni sono differentissime. Si può tuttavia ricondurle sinteticamente a due poli estremi, quello secondo cui l'analisi è inutile, non dà risultati, è del tutto indifferente che si tenti o meno di curare qualcuno analiticamente, e quello secondo cui l'analisi costituisce una cura e una soluzione per tutti i problemi psichici, e chiunque sia alle prese con difficoltà di questo tipo dovrebbe distendersi sul divano e farsi analizzare per tre, quattro anni. Fino a poco tempo fa, negli Stati Uniti quest'era un punto di vista abbastanza diffuso, che però negli ultimi anni ha perduto peso in seguito all'avvento di nuove terapie.

A mio giudizio, l'affermazione che l'analisi non abbia effetto terapeutico è insostenibile, e lo dico non solo sulla scorta della mia esperienza ultraquarantennale di analista, bensì anche di quella di molti miei colleghi. Né del resto si può dimenticare che in molti casi gli analisti non sono abbastanza competenti (è cosa che si verifica in ogni professione) e che spesso accade che la scelta dei pazienti non sia delle più felici: si tenta infatti di analizzare pazienti per i quali questi metodi non sono indicati. Mediante l'analisi si sono guariti molti individui dai loro sintomi, e molti di essi hanno imparato a essere chiari con se stessi, più sinceri e un po' più liberi, più vicini alla realtà. E già questo è un risultato di straordinaria importanza, spesso gravemente sottovalutato.

Com'è ovvio, la posizione antianalitica parte da certi presupposti tipici dell'epoca, come quello secondo cui solo la medicina può essere di ausilio all'uomo. Se non si riesce a inghiottire niente, inutile aspettarsi aiuto se non dalle pillole. O anche: bisogna fare in fretta. Ecco per esempio *Io sono O.K., tu sei O.K.*, dell'americano Th.A. Harris, un libro assai superficiale apparso nel 1975, un brodino delle teorie di Freud che può aiutare solo se il lettore ci crede, come del resto «aiuta» ogni suggestione. Ma quanto vi viene presentato scorre rapido, è semplice, non richiede riflessione, e soprattutto non esige che si affronti la propria resistenza. Anzi, è proprio questo che una terapia del genere evita: tutto è semplice, tutto è facile, ed è il tratto generale della nostra epoca. Si ritiene che tutto possa essere mandato giù senza difficoltà come una pillola; e quanto non si può imparare senza fatica, meglio non impararlo affatto.

Cercherò di chiarire quanto ho detto con un esempio: un giovane entra in un ristorante elegante, si siede, si fa dare il menu, lo studia a lungo e quindi dice al cameriere: «Mi dispiace, ma qui non c'è niente che mi piace», si alza e se ne va. Due settimane dopo ricompare, e il cameriere gli chiede – e trattandosi di un ristorante di lusso, ovviamente lo fa con molto tatto – perché la volta precedente non avesse trovato niente di suo gusto. Risposta del cliente: «No, no, qualcosa l'avevo trovato, ma il mio analista mi ha detto che devo praticare l'autoaffermazione». È questo un metodo che insegna ad aver fiducia in se stessi, a farsi valere, a non lasciarsi più intimidire dai camerieri, eccetera: un metodo con il quale si può forse fare strada. Resta tuttavia del tutto oscuro il *perché* della propria insicurezza, come mai si abbia la tendenza – e con questo torno al transfert – a vedere tutti gli altri come autorità, come figure paterne. E se con il metodo in questione di prim'acchito si può avere un certo successo al ristorante e si diventa più sicuri di sé, non si sono neppure sfiorate le vere cause, non si è andati al di là dellà facciata dell'insicurezza. Ci si ritrova anzi in una situazione peggiore, nel senso che non si è più consapevoli di essere insicuri. E perché si è tali? Non semplicemente perché si ha paura dell'autorità, ma perché non ci si è sviluppati del tutto, non si ha fiducia nelle proprie convinzioni, si è rimasti bambini, si spera nell'aiuto altrui, non si è completamente cresciuti, si dubita di se stessi. Con i metodi della psicoterapia che si usa chiamare terapia del comportamento, non si può cambiare la situazione: non si fa che nascondere la polvere sotto il tappeto.

Va però detto che non tutte le critiche rivolte alla psicoanalisi sono ingiustificate. Desidero indicare alcune delle obiezioni che ritengo fondate. Molto spesso accade che la psicoanalisi si riduca a vuote chiacchiere, conseguenza del concetto freudiano di associazione libera: si dice tutto ciò che passa per la mente. Secondo Freud, si direbbero in tal modo cose che vengono del profondo, assolutamente genuine e importanti. Ma in molte analisi i pazienti non fanno che blaterare, scagliandosi per l'ennesima volta contro il marito, i genitori che ne han fatte loro d'ogni colore. Ma non ne vien fuori niente, si ha solo ripetizione, in compenso si ha qualcuno che sta ad ascoltare. E il paziente ha la sensazione di averne ottenuto un vantaggio e che così la sua situazione finirà per mutare. Ma solo con chiacchiere del genere nessuno e niente cambia. Non è questo il metodo qual era nell'intenzione di Freud, e cioè lo svelamento e la lotta contro la resistenza; mai Freud ha sostenuto che si possa pervenire ad alcunché senza sforzo, tanto meno risolvere gravi problemi psicologici. Senza sforzo, nulla può essere ottenuto nella vita, anche se la pubblicità ce lo promette. Chi teme gli sforzi, chi scansa frustrazioni e sofferenze, non otterrà mai nulla, neppure nell'analisi. La quale è un duro lavoro, e gli analisti che sostengono il contrario agiscono contro i loro stessi interessi.

Un altro errore consiste nell'intellettualizzare anziché sperimentare concretamente. Si teorizza in discorsi senza fine sul significato dello schiaffo datoci una volta dalla nonna, e simili. E se si è molto accademici, si elaborano in merito complesse ipotesi, si costruisce una teoria via l'altra, *ma non si sperimenta nulla*: non si vive ciò che è in noi, non si vivono le proprie paure, la propria mancanza di amore, il proprio isolamento dagli altri. A impedirlo è la resistenza. E si fa così propria una vistosa tendenza del nostro tempo, che consiste nel privilegiare *l'uomo cerebrale*, dotato di pura ragione, secondo il presupposto che col pensiero tutto si può, il sentire essendo solo un'inutile zavorra, possibilmente da ignorare.

Vorrei infine rilevare che sono troppi coloro i quali pensano di dover ricorrere allo psicoanalista anche per problemi insignificanti, senza aver prima compiuto il tentativo di venirne a capo da soli. Si dovrebbe invece far ricorso allo psicoanalista solo quando non si riesca a chiarire e a migliorare da soli la propria situazione dopo aver compiuto seri tentativi in questo senso.

L'analisi resta pur sempre la miglior terapia per tutta una serie di disturbi, i quali hanno a che fare con il narcisismo, che è quanto dire mancanza di nessi con i propri simili. Fuga nelle illusioni, crescita psichica ostacolata, ma anche sintomi come mania igienistica e tutta un'altra serie di sintomi di tipo ossessivo e coattivo non possono essere affrontati altrettanto efficacemente e fruttuosamente con metodi diversi dalla psicoanalisi.

Questa ha un'incidenza non minore di quanta ne abbia per la cura o guarigione di malattie, in tutt'altro campo, come via alla promozione della crescita psichica e la piena espansione umana. Devo tuttavia ammettere che il desiderio di sviluppo e piena espansione psichica oggi è solo di una piccola minoranza, mentre la maggioranza si propone ben altra meta: avere di più, consumare di più. Già a vent'anni si ritengono fatti e finiti e da quel momento tutti i loro sforzi vanno nel senso di usare opportunamente lo strumento di cui dispongono. Se dovessero verificarsi in loro ulteriori cambiamenti, li considererebbero uno svantaggio: se si cambia, non si rientra più negli schemi di calcolo, non si sa più se da qui a dieci anni si avranno le stesse opinioni di adesso, e come dunque si potrà andare avanti? La maggior parte dei nostri simili non vogliono quindi crescere e mutare, non vogliono svilupparsi, ma intendono conservare, godere, «capitalizzare», le possibilità di cui già dispongono.

Conosciamo però anche le eccezioni, la tendenza opposta, soprattutto negli Stati Uniti. Molti individui si rendono conto oggi che, se è vero che tutto abbiamo e di tutto possiamo godere, siamo ciò nonostante incompiuti e infelici, che la vita non ha senso, che siamo depressi che siamo pieni di paure e ci chiediamo: «Che senso ha vivere se tutto quello che facciamo serve soltanto all'acquisto di un'automobile di maggiore cilindrata?». È facile rendersi conto di quanto infelici siano genitori o nonni che hanno avuto tutto quello che volevano ma che a tale scopo hanno dovuto sacrificare un'intera vita. La minoranza in questione ha riscoperto, più o meno chiaramente, un'antica saggezza, e cioè che l'uomo non vive di solo pane, che possesso e potere non garantiscono la felicità, ma sono anzi fonte di angosce e tensioni; e costoro intendono dedicarsi a un altro scopo: *essere* di più anziché *avere* di più, diventare più sensati, abbandonare le illusioni e voltare le spalle a quelle situazioni che richiedono il mantenimento delle illusioni stesse. Quest'anelito molto spesso si manifesta in forme decisamente ingenue, in entusiasmi per religioni orientali, lo yoga, lo zen, eccetera. E dico «ingenue», non già perché tali siano queste religioni, bensì perché a esse ci si accosta in maniera ingenua, lasciandosi ingannare dagli annunci pubblicitari di questo o quel fachiro indiano che si presenta come un sant'uomo, da questi o quei gruppi che si proclamano in possesso di ricette di salvezza, sostenendo di essere in grado di incrementare la sensibilità. E qui, a mio giudizio, all'analisi spetta un ruolo di primo piano in quanto prassi intesa alla conoscenza di se stessi, alla comprensione della propria realtà, all'affrancamento da illusioni oltre che dall'essere mossi da paura, da brama, per mettersi in grado di vivere in maniera diversa il mondo, vale a dire quale oggetto del proprio interesse, della propria disponibilità, della propria capacità creativa, dimenticando *se stessi* come oggetto e autosperimentandosi quali esseri agenti, senzienti, non alienati.

È un'esperienza alla quale ci si può abituare: un esercizio cui l'analisi può largamente contribuire trattandosi di un metodo di effettiva autosperimentazione che permette di «viversi» quali si è, di comprendere dove si stia e dove si vada. È quindi consigliabile rivolgersi a un analista che comprenda questi nessi e non creda che lo scopo dell'analisi sia di rendere gli uomini adattati. Ma un'analisi del genere non dovrebbe durare troppo a lungo, pena altrimenti – e avviene molto spesso – l'insorgere di dipendenze. Una volta che si abbia imparato in misura sufficiente a servirsi dello strumento, bisognerebbe cominciare ad analizzare se stessi: un compito che dura tutta la vita fino all'ultimo giorno ed è consigliabile praticare quest'autoanalisi al mattino, in concomitanza con esercizi di respirazione e concentrazione, reperibili per esempio nella meditazione buddista. È essenziale isolarsi dalla routine, approdare a se stessi, cessare dall'obbedire a continue sollecitazioni, rendersi «vuoti» per diventare interiormente attivi.

Io sono dell'avviso che chi faccia questo perverrà a un approfondimento della sua capacità di sperimentazione e di «risanamento», di guarigione, intesa non in senso medico, bensì in un'accezione più profonda, umana. Per questo occorre pazienza, e la pazienza non è certo molto diffusa in questa nostra epoca. Non mi resta che augurare buona fortuna a chi vorrà provarcisi.

In nome della vita

Un dialogo e un ritratto

Schultz: Signor Fromm, abbiamo deciso per un dialogo, non per un'intervista: una conversazione, un colloquio senza tema specifico, senza meta precisa, e del resto senza preparazione per la pura gioia del dialogo.

Se io mi interrogo circa il ruolo che posso avervi, mi sembra di essere un lettore che si rechi in visita da un autore di cui conosca bene i libri, ma che amerebbe saperne di più di quanto sta scritto su quelle pagine. Questa sera, dunque, il mio compito consisterà soprattutto nell'ascolto. Vorrei farla parlare senza porle troppe domande.

Può sembrare vecchio stile, ricorda quasi il salotto, sebbene ci si trovi in uno studio radiofonico. E in uno studio del genere non si dialoga. Qui si dibatte o *si fa* spettacolo e lo si presenta come pura merce per le masse, senza preoccuparsi troppo della verità, che invece costituisce l'interesse più o meno consapevole di una conversazione come vogliamo intenderla noi.

Conversazione, come dice la parola stessa, è appunto conversare, un atteggiamento di comunanza. Bisogna farlo con modestia. Si tratta di una recita certo, una recita sottile, nella quale tuttavia non ci si deve atteggiare a mattatori.

Fatte queste premesse, vorrei chiederle, signor Fromm, se quello che cerchiamo di fare in questa sede sia attuale. Chi, eccezion fatta per pochi, sarà disposto a far rivivere cose che evidentemente stanno morendo, nella migliore delle ipotesi vengono considerate anticaglie? Basti pensare alla cultura dello scambio epistolare, che sta silenziosamente estinguendosi. Si può ancora salvare la cultura della conversazione? Temo di no e lo considero a dir poco un peccato.

Fromm: Io penso che sia un grandissimo peccato, tanto più che si tratta solo del sintomo di una carenza della nostra cultura, un difetto che può rivelarsi addirittura mortale. Si potrebbe anche esprimersi così: sempre più spesso facciamo soltanto ciò che ha uno scopo, che dà un risultato. E alla fine, quale? Denaro, fama, oppure promozione sociale; ma l'uomo non pensa quasi più a fare qualcosa che non abbia uno scopo; ha dimenticato che è possibile, anzi desiderabile e soprattutto bello farlo. Quanto di più bello c'è nella vita consiste nel dare espressione alle proprie forze, e non già con uno scopo, ma per amore dell'atto in sé. Già, neppure l'amore ha scopo, al contrario di quanto dicono molti, secondo i quali scopo dell'amore è di condurre alla soddisfazione sessuale o al matrimonio, fare figli e costruirsi una vita borghesemente normale. Ma è proprio per questo che l'amore anche oggi è tanto raro – l'amore senza scopo, voglio dire, quello in cui tutto ciò che importa è l'atto dell'amore in sé, dove dunque a svolgere il ruolo decisivo è l'essere, non già il consumare: l'autoespressione dell'individuo, la manifestazione delle sue facoltà. Ma un amore così intenso mal si concilia con una cultura come la nostra, volta esclusivamente a obiettivi esteriori, al successo, alla produzione e al consumo: a tal punto, anzi, che non ci si rende più conto che è possibile.

Anche la conversazione, o è una merce, oppure si conversa per accapigliarsi; e se attrae ancora un vasto pubblico, è solo perché si tratta di una forma moderna di duello tra gladiatori: ci si dà addosso, ciascuno tenta di sopraffare l'altro. Oppure si dialoga per mostrare la propria abilità e superiorità. O ancora per comprovare di aver ragione, persuasi che ciò che si pensa sia giusto. Dialogano con la speranza di non dover pensare a nulla di nuovo; hanno una loro opinione, ciascuno dei partecipanti sa ciò che l'altro dirà, e comprovano soltanto l'immobilità reciproca.

Ma un vero dialogo non è né una conversazione né un duello: è uno scambio. E non si tratta di stabilire chi ha ragione e chi ha torto, e non importa neppure che quello che vien detto sia di straordinaria importanza: importa che sia autentico. Facciamo un piccolo esempio: due persone, due colleghi, se ne vanno a casa; supponiamo che siano due miei colleghi psicoanalisti, e uno dice all'altro: «Sono piuttosto stanco». Risponde l'altro: «Anch'io». Può sembrare molto banale, ma non lo è: i due si sono dedicati alla stessa attività, e ognuno quindi sa quanto stanco sia l'altro, sicché la loro è un'autentica comunicazione umana: «Siamo tutti e due stanchi, e ciascuno di noi due sa quanto lo siamo». È ben più di un dialogo tra due intellettuali che attacchino a discutere con grandi paroloni delle ultime teorie, e in realtà fanno entrambi semplici monologhi, senza nessun vero contatto.

L'arte della conversazione ovvero la gioia della conversazione (intesa come apertura, come quell'essere-con-l'altro che per lo più si esprime in parole; nella danza trova espressione nel movimento, perché ci sono molte forme di dialogo) tornerà a essere possibile solo a patto che nella nostra cultura avvengano grandi mutamenti, a patto che non abbia più corso un modo di vivere orientato unicamente in senso finalistico. Occorre che l'unico scopo ammissibile diventi l'*espressione*, la *crescita dell'umana esistenza*. In una parola, si tratta dell'*essere* contrapposto all'*avere*, al solo consumare, al solo correre in avanti.

Schultz: Oggi abbiamo assai più tempo libero di prima, e dunque maggiori occasioni di dialogo. Ma si direbbe che le potenzialità esteriori siano inversamente proporzionali alla disponibilità interiore. L'essere-con-l'altro di cui lei parla viene ostacolato da mediazioni, da apparecchiature, da strumenti. Si direbbe che intervenga una frattura a impedirci di instaurare quello che chiamiamo «dialogo».

Fromm: Credo che si possa addirittura affermare che molti, forse la maggioranza, hanno paura di essere lasciati a tu per tu, senza apparacchiature, senza un tema, senza un ordine del giorno. Hanno paura l'uno dell'altro, si sentono sperduti, non sanno di che cosa parlare. Non so quale sia la situazione in Germania, ma per esempio negli Stati Uniti è usanza comune di non invitare mai una singola persona o una singola coppia: devono sempre essere parecchi, perché uno si sente a disagio già se si è solo in quattro: bisogna infatti darsi un pochino da fare, altrimenti ci si annoia, si ripete la solita solfa. E quando si è in sei, non si ha un vero scambio, certo, ma per lo meno si supera il punto morto: c'è sempre qualcosa di cui parlare. Quando questi non sa più che dire, interviene l'altro, è in un certo senso un concerto doppio, la musica è ininterrotta. Anche se neppure in questo caso si ha scambio effettivo.

Ritengo che oggi siano molti a ritenere che un piacere gratuito non possa essere di grande soddisfazione. La propaganda industriale ci ha abituati a credere che la felicità possa venire per sempre e soltanto dagli oggetti che si acquistano. Ma che si possa vivere, vivere felicemente senza tanti oggetti, di rado lo si suppone. Con un'enorme differenza rispetto al passato. Ho settantatré anni; mezzo secolo fa persino i medioborghesi compravano pochissimi oggetti di svago. Non esistevano radio né televisione, le automobili erano rarissime; in compenso c'era la conversazione. Certo, se con questa ci si vuole «distrarre», ecco che si avrà la ciarla. Ma la conversazione richiede «fusione». Se un individuo non abbia in sé una grande vitalità, neppure la sua conversazione potrà essere molto vivace; ma sono molti coloro i quali potrebbero divenire assai più vivi se non avessero la paura di uscire da sé, di esibirsi, di gettar le grucce di cui credono di aver bisogno per non trovarsi all'improvviso di fronte al nulla, vale a dire soli con se stessi e con gli altri.

Schultz: Noi qui parliamo alla radio. E radio e televisione hanno il compito di informare e di intrattenere, come del resto sta scritto nella legislazione che regola le trasmissioni qui da noi, nella Repubblica Federale Tedesca. D'altro canto, come lei ha già accennato, e del resto è fuori dubbio, radio e televisione hanno contribuito in larga misura a minare la cultura della conversazione...

Fromm: Questo è un aspetto che mi interessa particolarmente. Volevo appunto chiederle se, sulla scorta della sua esperienza, lei ritiene che radio e televisione nel complesso abbiano effetti simili ovvero svolgano funzioni affini, o se non ritiene al contrario che i due media abbiano funzioni e qualità assai diverse.

Schultz: Sono portato a ritenerlo. Voglio cioè dire che la scienza delle comunicazioni di massa, che fa tanto parlare di sé, finora non ha certo contribuito in misura notevole alla definizione della diversa influenza di radio e televisione. Alla sua domanda posso dunque solo rispondere con impressioni e osservazioni soggettive.

Mi sembra che né radio né televisione in sostanza siano veicoli di dialogo. Sono indirette. Da un lato danno, dall'altro prendono, ma non c'è nulla di simile alla replica. S'accende la radio o la televisione, e il dialogo, la conversazione cessano. Radio e televisione possono dare l'illusione del dialogo, ma non certo instaurarlo realmente: il dialogo, a mio avviso, resta riservato agli individui in carne e ossa. Tuttavia, mi sembra molto importante stabilire se radio e televisione *spronano, invitano, sfidano* allo scambio, o se invece non ne annullano le premesse, se non instaurano cioè un'atmosfera di *preclusione al dialogo*. E da questo punto di vista ripongo maggiori speranze nella radio che non nella televisione.

Quest'ultima induce, più di tutti gli altri media, alla passività, al comodo consumo. Costituisce il mezzo più efficace per «ammazzare il tempo». Ma la conversazione richiede tempo, e se questo viene «ammazzato» il dialogo non può fiorire. La radio, se non mi sbaglio, non assorbe in egual misura. Essa esige e favorisce più attenzione, più fantasia; se solo lo volesse, potrebbe fornire abbondantissima materia, al dialogo, e dunque non dialogo in sé e per sé, bensì spinta al dialogo. Ecco perché vorrei che noi gente della radio fossimo consapevoli dei nostri limiti: della nostra necessità di superarli. Ritengo che l'aspetto affascinante, ciò che della radio attrae, è proprio quel che la radio *non* è in grado di trasmettere; la radio, a patto che renda manifesta la propria limitatezza, la propria artificiosità, il proprio carattere di succedaneo rimanda ad altre, originarie, dirette possibilità di comunicazione a esempio appunto all'unicità e bellezza del dialogo senza intermediari, e simili...

Fromm: Capisco quello che vuol dire. Per quanto mi riguarda, ho solo un'esperienza di radioascoltatore, casualmente di telespettatore, e così ho compiuto le seguenti osservazioni, e con me le ha fatte mia moglie, e può darsi che anche lei abbia qualcosa da dire in merito, e chi ci ascolta potrà chiedersi se, quando guarda la televisione, ha le stesse nostre reazioni. Dunque, quando ascolto la

radio, io sono un uomo libero. In altre parole, l'accendo se qualcosa mi interessa; ma *non divento un radiodipendente*. Tramite il mezzo tecnico ascolto una conversazione suppergiù come ascolto al telefono qualcuno che mi parli. Certo, non è altrettanto personale di una conversazione telefonica, e tuttavia ci siamo avvezzi, non ne restiamo affascinati. Posso dunque ben dire che interiormente sono del tutto libero di decidere se ascoltare o meno. Non così nel caso della televisione. Di fronte al piccolo schermo non si è del tutto liberi. Non appena l'apparecchio è acceso e compaiono le immagini, c'è in me un momento in cui avverto, se non proprio una costrizione, certo una spinta, una forte tendenza a non staccarne lo sguardo anche se, a livello intellettuale, so di avere di fronte insensatezze. Non voglio dire, con questo, che la televisione proponga solo idiozie; quel che voglio dire è che, anche se assisto a idiozie, e lo so, c'è in me la tendenza ad ascoltare e a guardare.
La televisione ha un fascino, un'attrazione ben maggiore di quella della radio: esercita un'attrazione *psicologica* che non consiste solo in ciò che offre. E più volte mi sono chiesto: in che cosa consiste quest'attrazione? E ritengo che vada ricercata in un'esperienza di livello molto profondo: basta premere un pulsante per introdurre nel proprio soggiorno un altro mondo. E questo fa appello a profondi istinti magici...

Schultz: ...a istinti atavici...

Fromm: La televisione fa di me una sorta di Dio. Abolisco la realtà che effettivamente mi circonda, e al suo posto ne creo un'altra, la nuova realtà che interviene quando premo il pulsante. Sono quasi Dio, sono il creatore. Quello che ho davanti agli occhi è il mio mondo. E a questo proposito mi viene alla mente una storiella che ha il vantaggio di essere vera oltre che di esprimere con molta esattezza quel che voglio dire. Un uomo è in auto con il figlioletto di sei anni in una giornata piovosa e tempestosa. Scoppia una gomma. I due devono fermarsi sul margine della strada e cambiare la ruota: una situazione tutt'altro che piacevole, e a un certo punto il bambino chiede all'adulto: «Papà, non potremmo cambiare canale?». Per il bambino, il mondo si configura in termini televisivi: se un mondo non mi va, ne scelgo un altro.

Di recente mia moglie ha letto un romanzo di un autore polacco; me ne ha parlato, sono stato ad ascoltarla con grande interesse. Vi si narra di un uomo, figlio di un individuo ricchissimo ma un po' strano che fa crescere il figlio in una grande casa dove però non gli viene insegnato né a leggere né a scrivere, e dove non ha la possibilità di parlare con nessuno, e vive pertanto in stato di totale isolamento. Ha solo un televisore che guarda tutto il giorno e crede che quella sia la realtà. Poi il padre muore, il figlio se ne deve andare e si trova tra la gente; ma non riesce mai a rendersi conto che ciò che vede con i propri occhi è una realtà diversa da quella offertagli dal televisore. E non parla, non sa farlo, sa solo guardare, proprio perché il mondo per lui è un gioco televisivo. Ma appunto perché non parla, quando alla fine capita in casa di uno degli uomini più potenti d'America, tutti si persuadono che sia un grande personaggio. E così accade che il suo nome diventi notissimo, tanto che lo propongono come presidente, appunto perché non ha mai aperto bocca e non ha mai avuto un'opinione sua.

È un racconto che descrive esattamente quel che voglio dire: la realtà e ciò che compare sul teleschermo non sono più scissi, e io ritengo anzi che quest'esperienza, che consiste nel poter far divenire realtà, con un semplice gesto, un altro mondo – e che, come lei ha giustamente osservato, è un'esperienza profondissima, atavica – eserciti una enorme seduzione. Per questo motivo, in un certo senso non occorre che la televisione offra qualcosa di «buono», perché attrae già con la propria qualità di mezzo di comunicazione. È esattamente quel che si verifica quando la gente accorre a vedere un incendio o qualche altro spettacolo eccitante...

Schultz: Al quale basta assistere senza voler sostanzialmente intervenire. E ciò significa: l'altra faccia di questa illusione di potenza (ottenuta mediante la pressione di un tasto) è una passività totale, laddove nel caso della radio è pur sempre lecito immaginarsi, per dirla con le parole di Adam Müller, che l'ascolto sia una maniera di rispondere, e dunque a conti fatti un atteggiamento attivo, da non scambiarsi con la mera aspettativa di nozioni.

Ma adesso ancora una domanda, signor Fromm: lei non è in grado di giudicare la situazione tedesca né vuole farlo; ma la televisione come è ovvio ha mutato in larga misura anche le abitudini di *ascolto*. In altre parole, non possiamo più contare sull'attenzione dell'ascoltatore che la televisione ha disabituato a osservare e considerare attentamente alcunché. E mi chiedo se la radio non abbia ceduto troppo facilmente a questa tendenza, se non abbia fatto propria troppo frettolosamente l'opinione o l'affermazione che non esiste più un'attenzione di vasta portata, e se la radio non dovrebbe invece *andare controcorrente*, se, nella sua qualità di medium più umile e anche di medium che non può più essere ritenuto di «massa» (un ruolo da quale è dispensata da un pezzo, e si dovrebbe esserne lieti), non dovrebbe inventarsi compiti precisi, tenendo nel debito conto quelle differenze di cui abbiamo testé parlato. Che ne pensa?

Fromm: È ovvio che io non posso formulare un giudizio in merito, perché conosco pochissimo i radioprogrammi tedeschi. D'altra parte, ritengo che ciò che lei dice tocchi il punto fondamentale. Mi risulta che lei ha affrontato più volte, alla Süddeutsche Rundfunk, temi degni di un corso universitario, sia pure con un linguaggio un po' più semplice, ciò che d'altro canto parla a suo favore (sarebbe meglio se anche chi tiene lezioni all'università si servisse di un linguaggio più semplice, con maggior attenzione al contenuto anziché alla forma); ebbene, mi sembra che sia questo un compito fondamentale della radio, nel senso che potrebbe svolgere una funzione educativa di vasta portata, e penso soprattutto che sia di straordinaria importanza ciò che lei dice a proposito della concentrazione. È stupefacente con quanta poca concentrazione l'uomo d'oggi pensi, viva e persino lavori. Il lavoro è talmente frammentato, talmente parcellizzato, che per lo più si ha soltanto una concentrazione meccanica e parziale, non una concentrazione piena che coinvolga l'uomo tutto quanto. Diciamolo una buona volta: l'operaio alla catena di montaggio, che stringe sempre lo stesso bullone, deve concentrarsi per mantenere il ritmo, ma questa forma di concentrazione limitata è affatto diversa da un'autentica convergenza dei sensi dell'uomo totale, capace di vero ascolto nel senso che mentre lo fa non pensa a qualcosa d'altro, che non può e non vuole fare cinque cose insieme perché nessuna lo soddisfa. Ed è ovvio: senza concentrazione non se ne ricava niente. Tutto quel che si fa senza concentrazione ha ben poco valore. Non si ha nessuna occupazione lieta e gratificante, nessuna opera, nessun'attività, se lo si fa senza concentrazione. E questo vale non soltanto per i grandi artisti, per i grandi scienziati, ma per ogni singolo individuo.

Schultz: A questo punto, vorrei interrompere il dialogo e rivolgermi direttamente a voi, cari ascoltatori, per fornirvi qualche ragguaglio sul mio interlocutore. Negli Stati Uniti non sarebbe necessario, perché lì Erich Fromm e i suoi scritti sono ben noti; da noi, invece, solo adesso e lentamente il suo nome sta diventando famoso come merita.

Fromm è nato a Francoforte sul Meno il 23 marzo 1900. Figlio unico, è cresciuto – e su questo gli porrò poi qualche domanda – nello spirito dell'ebraismo tradizionale. Egli stesso riferisce che le storie del Vecchio Testamento lo toccavano più di ogni altra cosa. Lo affascinavano soprattutto le visione di una pace universale dove l'agnello e il lupo coabitino, facendo nascere in lui precocemente un vivo interesse per la convivenza dei popoli, per l'internazionalismo. Già nel liceale Erich Fromm erano vivi il rifiuto e la protesta contro l'irrazionalità di quel delirio di massa che ha portato alla Prima guerra mondiale.

Ma a esercitare influenza decisiva sul suo sviluppo fu anche un'altra, personale esperienza: una giovane, bella signora, un'artista amica di famiglia, si suicidò dopo il decesso del suo vecchio padre, un uomo piuttosto insignificante, e lasciò scritto che voleva essere seppellita accanto a lui. E Fromm si chiese a lungo come si spiegava che la donna amasse il padre al punto da preferire la vicinanza con lui nella morte alla gioia di vivere che le era accessibile, che non le era ignota. Osservazioni e riflessioni che spinsero Fromm verso la psicoanalisi, nel senso che cominciò a interrogarsi circa i motivi celati *dietro* il comportamento.

Nelle sue letture, agli scritti dei profeti, che Fromm conosceva a fondo, a memoria, s'aggiunsero Buddha, Marx, Bachofen e Freud, a comporre una singolare costellazione. E furono queste le sue principali guide. Per quanto disparate e contraddittorie possano sembrare, Fromm le integra in un contesto unitario. Dovremo parlarne tra poco, e sarà quindi inutile che io mi dilunghi in altri chiarimenti.

Fromm ha studiato psicologia, filosofia e sociologia a Heidelberg; a ventidue anni ha ottenuto la laurea in filosofia, proseguendo poi studi e analisi a Monaco e a Francoforte, e ha concluso la sua formazione presso lo Psychoanalytisches Institut di Berlino, città dove nel 1930 ha cominciato la pratica psicoanalitica, in pari tempo insegnando allo Psychoanalytisches Institut di Francoforte e divenendo anche docente e membro dell'Istituto di sociologia della Università di Francoforte, che in seguito all'avvento del nazismo continuò la propria attività presso la Columbia University di New York. Fromm si trasferì negli Stati Uniti nel 1934, insegnando in varie università, dando vita a parecchi importanti istituti di psicoanalisi e psicologia sociale, non rinunciando tuttavia alla pratica psicoanalitica e a raccogliere esperienze dal rapporto con i pazienti. Nel 1949 si è trasferito in Messico, dove fino al pensionamento, avvenuto nel 1965, ha continuato a lavorare in varia guisa senza perdere il contatto con l'università. Attualmente è professore onorario, e a tutt'oggi tiene corsi sia a New York che in Messico. Negli ultimi anni è vissuto per lo più in Svizzera, nel Canton Ticino, dedicandosi allo scrivere.

Attivo pacifista, è stato uno dei fondatori del SANE, il principale movimento americano per la pace, che, oltre a lottare contro il riarmo nucleare mondiale, ha partecipato alla protesta contro la guerra del Vietnam. Negli anni cinquanta, Fromm è diventato membro di un partito socialista, dal quale però è uscito perché non gli sembrava abbastanza radicale. Ha dato contributi fondamentali all'integrazione della teoria psicoanalitica con la teoria sociale di Marx, parallelamente alla sua revisione sociologica e umanistica della dottrina del fondatore della psicoanalisi. Ha avuto un ruolo di primo piano in un simposio sull'umanesimo socialista, fornendo contributi di risonanza internazionale e si è interessato, come forse nessun altro psicoanalista, a problematiche politiche. Il suo libro *Rivoluzione della speranza* è un manifesto, uno scritto militante redatto nel periodo in cui Erich Fromm sosteneva la candidatura di Eugene McCarthy alla presidenza. Aveva fatta propria la causa del senatore, perché questi è anche un professore universitario amante della poesia e della filosofia, e ciononostante, o per meglio dire, proprio per questo, Fromm vedeva in lui il candidato ideale alla suprema carica degli Stati Uniti: McCarthy era infatti in grado (e per Fromm è un aspetto politico di importanza fondamentale) di ridare speranza al popolo americano. Ciò che in Fromm colpisce soprattutto è una caratteristica nient'affatto corrente nel mondo accademico, ed è la sua posizione anticonvenzionale, eterodossa, in tutto ciò che pensa, dice e fa. La sua personalità irraggia simpatia e freschezza, non certo intellettuale distacco. Fromm svecchia, induce a porsi nuove domande, disprezza i dogmi e ogni altra forma di cristallizzazione. In ebraico, spirito e vento sono designati dalla stessa parola. C'è qualcosa in Fromm che non può essere ignorata né da chi lo osteggia né da chi lo sottovaluta, né da amici né da nemici, ed è quest'essere aperto, inconcluso.

Signor Fromm, dopo questo breve ritratto, posso pregarla di raccontare qualcosa di sé? In uno dei suoi scritti ho letto l'espressione «biografia intellettuale», e dunque le chiedo: quali influenze e impressioni giovanili e del periodo di studio hanno favorito il suo sviluppo?

Fromm: C'è forse un aspetto che sembra importante anche a me. Il fatto che fossi figlio unico di genitori apprensivi, com'è ovvio non ha avuto un'influenza positiva sul mio sviluppo. Ma con l'andare del tempo ho tentato di riparare in qualche modo ai danni.

Un altro aspetto ha invece esercitato un'influenza positiva o per lo meno è stato decisivo per il mio sviluppo, ed è la mia origine. Provengo da una famiglia ebraica rigidamente ortodossa, con ascendenze rabbiniche da entrambi i rami e sono cresciuto nello spirito di quest'antica tradizione, una tradizione preborghese, precapitalistica, indubbiamente più medioevale che moderna, la quale era per me assai più reale del mondo in cui sono vissuto, il mondo del XX secolo. Com'è ovvio, ho frequentato una scuola tedesca, un ginnasio-liceo della Germania; studiavo e assorbivo a fondo le idee che ho attinto dalla cultura tedesca, e sulle quali magari tornerò tra poco.

Ma la mia visione della vita non era quella di un uomo moderno, bensì di un premoderno, anche perché studiavo il Talmud, leggevo molto la Bibbia e udivo raccontare molti episodi riguardanti i miei antenati, tutti vissuti in un mondo che ha preceduto quello borghese. E proprio adesso mi sovvengo di uno di questi racconti: avevo un bisnonno, grande talmudista. Non era però un rabbino, ma aveva un negozietto in Baviera, e ne ricavava appena di che vivere. Un giorno ha avuto un'offerta: avrebbe potuto guadagnare di più compiendo qualche viaggio; inutile dire che aveva molti figli, cosa che non gli rendeva certo più facile l'esistenza. E sua moglie gli ha detto: «Be', non ti pare che sia il caso di prendere seriamente in esame la proposta? Staresti via di casa solo tre giorni al mese, e avremmo qualche soldo in più». Ha replicato il bisnonno: «E tu credi che potrei davvero tralasciare lo studio almeno tre giorni al mese?». E la moglie: «Per amor di Dio, ma che dici?». Non se ne è più parlato, e il bisnonno ha continuato a starsene tutto il giorno nel suo negozietto, a studiare il Talmud. Quando entrava un cliente, si irritava e diceva: «Non ci sono altri negozi, forse?». Ecco, era questo il mondo che per me era reale, mentre mi riusciva strano quello moderno.

Schultz: Ed è durato a lungo?

Fromm: Fino a oggi. Mi ricordo, dovevo avere dieci o dodici anni, e se qualcuno mi diceva che faceva il commerciante o l'uomo d'affari, ne restavo perplesso, mi dicevo: mio Dio, costui deve vergognarsi come un ladro a dover ammettere che non fa altro, in tutta la vita, che guadagnare soldi. Possibile che sia questa la sua unica attività? Nel frattempo ho appreso che si tratta di una condizione assolutamente normale, ma ciò non toglie che continui a esserne sbalordito. Adesso come un tempo, sono estraneo alla cultura dell'affarismo ovvero alla cultura borghese intesa in questo senso, ed è uno dei motivi per cui sono diventato tanto critico nei confronti della società borghese e del capitalismo. Sono diventato socialista perché la società e gli interessi borghesi e capitalistici mi sembravano in contraddizione con il senso della vita. Ma non si è trattato, da parte mia, di una decisione o scelta intellettuale: semplicemente, mi è sempre sembrato strano e inquietante che fosse così.

Schultz: Ma questo le ha dato anche modo di compiere un'esperienza di segno opposto, perché non si può certo affermare che nel suo pensiero o nella sua vita il mondo moderno non abbia fatto irruzione. Al contrario, esso è ben presente, con i suoi pericoli ma anche con i suoi annunci di speranza.

Fromm: In merito posso darle una risposta molto semplice: ad attrarmi, nel mondo moderno, sono stati proprio quegli aspetti che ricordano il mondo preborghese. Spinoza, Marx, Bachofen: qui mi sentivo a casa, qui ho trovato la sintesi tra ciò che mi appariva ancora vivo del passato e ciò che del mondo moderno amavo, quelle sue componenti che avevano radici nel mondo antico e che io sentivo vicine. E in questo non c'era contraddizione di sorta. Era il mondo che conoscevo, che trovavo sopportabile, e così mi sono dedicato allo studio di questo contesto e delle sue componenti.

Schultz: E questo, durante gli anni degli studi universitari o già prima? Quando i due mondi si sono incontrati in lei?

Fromm: C'è stato un evento che ha avuto influenza decisiva sul mio sviluppo: la Prima guerra mondiale, e del resto lei lo ha già detto. Quand'è scoppiata avevo quattordici anni e, come gran parte dei miei condiscepoli, ero ancora un bambino, dapprima non ho compreso appieno il significato dell'evento. Ben presto, però, ho cominciato a leggerlo in filigrana, a pormi quel bruciante interrogativo che a tutt'oggi mi perseguita – meglio: non è l'interrogativo che mi perseguita, sono io che lo perseguito – *Come è possibile*? Com'è possibile che milioni di individui ne uccidano altri milioni e si facciano ammazzare, e che questa situazione disumana duri quattro anni, in nome di obiettivi in parte almeno affatto irrazionali oppure di concezioni politiche per le quali nessun uomo, se ne avesse chiara coscienza, sarebbe disposto a dare la propria vita? Insomma, com'è possibile la guerra dal punto di vista *politico* e *psicologico*? Quali sono i moventi che vi inducono gli esseri umani? Ecco l'interrogativo che allora per me è divenuto assillante, forse la domanda chiave, allora impostasi e che tutt'oggi condiziona ampiamente il mio pensiero. L'origine preborghese e la guerra sono state senza dubbio le due esperienze cruciali, che hanno improntato di sé il mio modo di pensare e di sentire.

Schultz: Quali letture hanno contribuito al suo orientamento? Intendo non soltanto libri che hanno avuto parte nella sua formazione professionale specifica, ma anche altri, libri che riguardano la sua vita privata.

Fromm: Me lo sono chiesto più volte anch'io. Sì, ci sono alcuni libri che hanno esercitato un'influenza decisiva sulla mia vita, che in un certo senso mi hanno «incantato». E, detto per inciso, credo che accada sempre così, che ci siano libri che condizionano la nostra esistenza. Ben poco di ciò che leggiamo è in grado di farlo: si tratta di opere strettamente tecniche o scientifiche, oppure prive di importanza. Ma ognuno di noi dovrebbe chiedersi: c'è un libro, ci sono due, tre libri, che hanno avuto un'importanza decisiva per tutto il mio sviluppo?

Schultz: Se mi è permesso un brevissimo inciso, ricorderò un'affermazione di Flaubert: non leggo per imparare, bensì per vivere.

Fromm: Proprio così! Splendida frase. Non la conoscevo. Ma corrisponde esattamente a quel che volevo dire. E in questo senso appunto non sono molti i libri che esercitano un'influenza decisiva sulla nostra vita. Certo, ogni libro che abbia una certa qualità incide in qualche modo. Non si legge nessun libro da cui non si resti in qualche modo toccati, così come una conversazione approfondita, un incontro importante, non restano mai senza conseguenze. Mai accade che si dialoghi con impegno senza che entrambi gli interlocutori ne ricavino qualcosa o, per meglio dire, senza che in ciascuno dei due non si verifichi un mutamento, anche se spesso è talmente piccolo dal punto di vista quantitativo, da non essere tangibile. Ma rieccoci al punto da lei toccato poc'anzi: quando due persone parlano tra loro, e nessuna delle due alla fine della conversazione è diversa da com'era all'inizio, significa che non hanno davvero parlato tra loro, significa che ha avuto luogo un mero scambio di parole.

E questo vale anche per i libri. Nella mia vita ce ne sono tre, quattro, cinque, senza i quali non sarei quel che sono: né so quel che ne sarebbe stato altrimenti di me. In primo luogo, i libri dei Profeti. Non, si badi, l'Antico Testamento. E all'epoca non consideravo con lo stesso orrore di oggi i libri guerreschi, quelli in cui si narra la conquista di Canaan, anche se non mi andavano a genio e non li ho letti più di una volta o due. Ma i libri profetici e i salmi, soprattutto i primi, erano allora, e continuano a essere oggi per me, fonti vive.

Schultz: Non le piacerebbe darli alle stampe con un suo commento?

Fromm: Ho già scritto un libro del genere, *Sarete come Dio*, un'interpretazione della tradizione ebraica in cui ho cercato di spiegare i salmi e di operare una distinzione tra quelli che descrivono un moto interiore, il passaggio dalla tristezza alla gioia, e gli altri salmi – e sono ben diversi – in cui lo stato d'animo resta immutato e quindi, in un certo senso anche se non del tutto, autosufficiente. Per lo meno, in essi non c'è conflitto interiore, movimento interiore. Ci sono salmi che risultano comprensibili solo se ci si rende conto che lo stato d'animo iniziale è di disperazione che in seguito viene vinta e superata. Poi ritorna, e ancora viene superata. E solo quando la disperazione ha raggiunto la massima intensità, all'improvviso, come per miracolo, si verifica un cambiamento, interviene uno stato d'animo di giubilo, di fede profonda, di lieta speranza. Un buon esempio ne è il Salmo 22, che comincia con le parole: «Mio Dio, mio Dio, perché mi hai abbandonato?».

Può forse interessare sapere che da molto tempo ci si pone il problema del perché al momento della morte, Gesù abbia pronunciato queste parole di disperazione. Me lo sono chiesto già da bambino. Lo si direbbe in contraddizione con la sua morte volontaria, con la sua fede, ma in realtà non si tratta affatto di contraddizione. Infatti (e l'ho particolareggiatamente spiegato nel libro che ho detto) la tradizionale maniera ebraica di citare un salmo, al contrario di quanto avviene nella religione cristiana, non prescrive il rimando al numero, eccetera: si evoca l'intero salmo semplicemente citandone la prima frase o le prime parole. È come se nel Vangelo si dicesse: Gesù ha pronunciato il Salmo 22. E se lei lo legge, noterà che comincia, sì, con un'intonazione disperata, ma si conclude con un inno alla speranza, esprimendo, forse con maggior pregnanza di ogni altro salmo, l'attesa messianica e universalistica del cristianesimo delle origini. Cosa che è fonte di equivoci, se non si tiene conto di questo cambiamento e se si pensa che Gesù abbia pronunciato solo le prime parole del salmo. In seguito, la frase nei Vangeli è stata alterata perché fonte di troppi equivoci. Ma è un discorso che ci porterebbe troppo lontano, anche se non seguiamo un filo preciso, ed è questo il bello. Comunque, questa è stata una delle mie fonti, e rileggendo oggi i Profeti mi appaiono freschi e vivi come cinquant'anni fa, e forse più.

L'altra, decisiva influenza mi è venuta, ma in un secondo momento, da Marx. Ad attrarmi sono state soprattutto la sua filosofia e la sua visione del socialismo che esprime, in forma laica, l'idea dell'umanizzazione dell'autorealizzazione dell'uomo la cui meta non sia costituita dall'avere, da ciò che è morto, semplicemente accumulato, bensì dalla vivente autoespressione. Marx ne ha trattato a partire dagli scritti filosofici del 1844. E in effetti, se si leggono queste sue pagine ignorando da chi siano state redatte, e se non si è un profondo conoscitore di Marx, è difficile indovinarne l'autore. Non già perché sia un testo atipico di Marx, bensì perché da un lato gli stalinisti e dall'altro anche gran parte dei socialisti hanno a tal punto falsificato l'immagine di Marx, da farlo passare per un autore che aveva esclusivamente di mira un mutamento di carattere economico, laddove in realtà questo per Marx era solo il mezzo per raggiungere uno scopo, importandogli soprattutto la liberazione dell'uomo in senso umanistico. Chi studi il pensiero di Goethe e quello di Marx, troverà sorprendenti analogie. Marx si colloca in pieno nella tradizione umanistica e, a mio avviso, anche in quella profetica; e se si leggono i discorsi di uno dei più acuti e radicali pensatori, Meister Eckhart, ancora una volta è dato scoprire molte e forse sorprendenti somiglianze.

Schultz: Bisogna proteggere Marx, come del resto molti dei suoi epigoni delle più varie provenienze, dai suoi seguaci. Ma come? Si compiono forse oggi, nelle università o altrove, tentativi intesi a liberare dalle incrostazioni autori come Marx? E si potrebbe allargare il discorso a Brecht, a Freud, a Bloch, in sostanza a tutti gli spiriti creatori ai quali la posterità fa riferimento. Come si spiega?

Fromm: Oggi sono pochissimi i conoscitori di Marx che non lo interpretino secondo le deformazioni di destra o di sinistra.

Schultz: Già, ci si serve di Marx come di una pezza d'appoggio per i propri punti di vista.

Fromm: Appunto, Marx serve a convalidare, non solo le proprie opinioni, ma anche una prassi e una politica che spesso è esattamente l'opposto di ciò che Marx stesso pensava e voleva. E, che si tratti di capitalismo di stato alla russa o del capitalismo occidentale di marca liberale, in quanto entrambi si richiamano a Marx – e rientrano nel secondo caso gran parte degli ideologi socialdemocratici – in tanto operano una falsificazione di Marx. Il numero di coloro che comprendono Marx, che lo comprendono davvero, oggi è limitatissimo. Affermazione, questa, che può sembrare alquanto presuntuosa, un po' come se dicessi che tutti sono nel torto tranne me e pochissimi altri. Lungi da me l'idea. Mi sembra tuttavia che gran parte degli studiosi di Marx trascurino il fatto che il suo pensiero è in sostanza di natura religiosa, dove l'aggettivo non va inteso nel senso di fede in Dio. Va chiarito che da questo punto di vista neppure il buddismo è religioso dal momento che non ha nessun Dio, ma che è religioso se per questo si intende l'atteggiamento di chi trascende il proprio narcisismo, egoismo, interiore isolamento, e si apra e, per dirla con Meister Eckhart, si renda del tutto vuoto per divenire tutto pieno, per poter tutto assimilare, per acquisire interezza. In altre parole, è questa la componente decisiva di Marx. Mi sono spesso tolto la soddisfazione di leggere a varie persone qualche passo dei *Manoscritti economico-filosofici* di Marx, e mi ricordo a questo proposito di un colloquio che ho avuto con il dottor Suzuki, uno dei massimi studiosi del buddismo zen; gli ho letto alcune righe senza dirgli chi ne fosse l'autore, e poi gli ho chiesto: «Secondo lei, questo è zen?» E lui: «Ma certo che è zen!» Mi è anche capitato di leggere qualche passo in una cerchia di colti teologi, e tutti hanno invocato i testi classici più disparati, per esempio Tommaso d'Aquino oppure teologi modernissimi ma nessuno ha sospettato che si trattasse invece di Marx. Perché Marx non lo conoscevano.

C'è tutta una serie di studiosi marxisti che tutto questo lo sanno benissimo, per esempio Ernst Bloch, e anche cattolici antimarxisti come Jean Yves Calvez; il loro numero non è poi così limitato, ma scarsa è la loro influenza, se non sui teologi, a paragone di quella delle predominanti interpretazioni di Marx.

Un'altra, decisiva fonte è stato per me un autore che purtroppo non è più molto noto: Johann Jakob Bachofen, lo scopritore della società matriarcale. La sua opera principale risale a circa centodieci anni fa. È stata tradotta in inglese non più di cinque anni fa, e neppure integralmente. Bachofen aveva scoperto che prima del mondo patriarcale ne è esistito uno matriarcale, e non si è limitato ad affermarlo genericamente, ma ha anche dimostrato in che cosa consista la differenza tra atteggiamento matriarcale e atteggiamento patriarcale. Per sintetizzare: quello matriarcale fa proprio il principio dell'incondizionato amore per i propri simili. La madre ama i figli indipendentemente dai loro meriti: li ama perché sono i suoi figli. E in effetti, se una madre amasse il suo piccolo soltanto perché ha un sorriso simpatico e si comporta bene, moltissimi bambini morirebbero di fame. Il padre invece, per dirla in breve, ama i figli perché gli obbediscono, perché gli sono simili. Questo non vale certo per ogni madre e per ogni padre: mi riferisco a una categoria ideale, a una tipologia classica, quale si ricava dalla storia dell'amore paterno e materno. Presi uno a uno, gli individui sono misti, nel senso che ci sono molti padri materni e molte madri paterne; la differenza ha a che fare con il sistema sociale, precisamente con la diversità del sistema sociale patriarcale rispetto al matriarcale. L'opera più alta da questo punto di vista è l'*Antigone*, in cui vengono raffigurati il principio matriarcale («io non sono qui per odiare, sono qui per amare»), e il principio patriarcale (oggi diremmo addirittura fascista) incarnato da Creonte e che è quello dell'assoluta superiorità delle leggi dello stato su tutti i valori umani.

La scoperta di Bachofen è stata per me una chiave che mi ha permesso, non soltanto la comprensione della storia, non soltanto la comprensione della nostra società patriarcale con il suo principio dell'amore condizionato dai risultati, bensì anche la comprensione di quello che per me un po' alla volta è divenuto il fondamentale problema dello sviluppo individuale: che incidenza ha nell'essere umano, maschile o femminile che sia, il desiderio della madre? E che cos'è il legame con la madre? Qual è il suo vero significato? Qual è la natura del complesso di Edipo? Si tratta di un legame sessuale? Non lo credo. A entrare in gioco è il legame più profondo che si dia per un uomo, il desiderio di una figura straordinaria, una dea che affranchi l'uomo dalla responsabilità, dal rischio della vita, addirittura dalla paura della morte, e lo accolga in una sorta di paradiso, per il quale l'essere umano comunque paga con la sua dipendenza alla madre, con la sua impossibilità a diventare in tutto e per tutto se stesso. Sono tutti problemi di grande importanza, ed è per questo che Bachofen agli inizi degli anni venti ha acquistato per me decisiva incidenza.

Grandissima influenza ha esercitato su di me anche il buddismo, dal quale ho imparato che c'è un atteggiamento religioso che astrae da Dio. Ho fatto la conoscenza del buddismo, verso il 1926 circa, e per me è stata una delle più alte esperienze. Il mio interesse per il buddismo è rimasto a tutt'oggi vivissimo, anzi è andato accentuandosi grazie allo studio dello zen, soprattutto degli scritti del dottor Suzuki ma anche di molti altri.

Già, finora non ho citato Sigmund Freud. Il quale per me è diventato fondamentale esattamente nello stesso periodo, e lo è rimasto. Posso dunque dire che queste influenze – il giudaismo profetico, Marx, il matriarcato, il buddismo e Freud – sono state quelle che più hanno improntato di sé il mio pensiero, e non solo questo, bensì il mio intero sviluppo, perché non sono mai stato capace, né tuttora lo sono, di pensare a cose che non posso sperimentare: il pensiero astratto mi riesce difficile. Sono capace di pensare solo quanto ha riferimento ad alcunché, che posso in pari tempo sperimentare concretamente; e se questo non accade, ben poco è il mio interesse, scarse le mie capacità.

Schultz: Sebbene, o piuttosto proprio *perché* conosce Marx piuttosto a fondo, lei non risponde al solito cliché del marxista, e ritengo che dello stesso genere debba essere il suo rapporto con Freud. Lei prende le mosse – come oggi si usa dire – da Freud; ma a ben vedere ciò significa che lei da Freud si distacca, che lo supera, che il suo è un pro-gresso rispetto a Freud, e questo la distingue dalla folla dei freudiani, nei confronti dei quali, se non vado errato, lei mantiene un atteggiamento decisamente critico.

Fromm: Io sono sempre appartenuto alla minoranza. Alla minoranza appartengo stando con Bachofen, poiché coloro che ne sono stati influenzati fanno anch'essi parte della minoranza, di un gruppo relativamente ristretto. Freud, naturalmente: all'istituto berlinese ho ricevuto un'istruzione rigidamente freudiana, e in un primo momento ho preso sul serio anche le teorie di Freud sulla sessualità e tutto il resto; sotto questo profilo, sono stato sempre un buon studente che partiva dal presupposto che i suoi insegnanti avessero ragione, finché non conoscevo meglio la materia. E mai ho cominciato a contestare prima di saperne di più; oggi, la contestazione è di moda, ma non lo era all'epoca, né era il mio caso. Sicché, studiavo indefessamente, e com'è ovvio fortissima era la pressione a ritenere giusto quello che studiavo. Ma dopo alcuni anni ho cominciato ad avere dei dubbi, soprattutto a rendermi conto sempre più chiaramente che quanto dovevo trovare, non lo trovavo nel materiale del paziente, ma che ve lo immettevo con la mia interpretazione. E mi sono avveduto anche che con le teorie di Freud non toccavo davvero il paziente, i suoi veri problemi. Non intendo soffermarmi qui sulle teorie di Freud – è una faccenda troppo complicata; mi limito a far notare che tutto consisteva nel tornare sempre a parlare di complesso di Edipo, di paura della castrazione, di quant'altro è connesso alla sessualità e alle relative angosce.

Mi sono reso conto che molto spesso non prestavo attenzione all'individuo che avevo di fronte. E mi è accaduto qualcosa che mi ha messo molto a disagio: mi annoiavo. Me ne stavo lì, a fare tutto quello che mi era stato insegnato. Non che mi addormentassi, al contrario di uno dei miei insegnanti il quale affermava che non era poi tanto grave perché, se durante l'analisi chiudeva gli occhi, a volte gli capitava di fare un sogno che gli permetteva di penetrare più a fondo nel paziente. (Vede dove si può arrivare con le razionalizzazioni?). Mi sono però accorto che mi stancavo e che dopo sei, sette, otto ore, ero sfinito; e allora mi sono chiesto: perché sono così stanco? Perché sono così annoiato? A lungo andare ho capito che dipendeva semplicemente dal fatto che non pervenivo alla vita vera, che in sostanza mi occupavo di astrazioni, sia pure in forma di esperienze relativamente primitive in quanto presumibilmente accadute durante l'infanzia.

E, a mano a mano che giungevo a quello che mi sembrava l'aspetto fondamentale, vale a dire i rapporti dell'individuo con l'altro, le specifiche passioni umane, le quali non sono radicate nell'istinto bensì nell'esistenza dell'uomo in quanto tale, ho cominciato ad avvedermi che... sì, ero davvero in grado di comprendere, e che colui o colei che analizzavo era in grado a sua volta di comprendere ciò che io dicevo. L'individuo in questione sentiva che le cose stavano proprio così, e da quel momento non mi sono più stancato, l'analisi è divenuta quanto mai stimolante. Più e più volte mi sono detto: anche se il paziente non ottiene con l'analisi nessun miglioramento dei sintomi – e a volte purtroppo accade proprio questo – le sedute di analisi rientrano tra i momenti più stimolanti, tra i più esaltanti che ha mai avuto in vita, perché attraverso l'analisi acquista vita. E se ciononostante io mi stancavo, chiedevo ai miei pazienti: dica un po', sa spiegarmi quel che sta succedendo? Quando lei è arrivato non mi sentivo così stanco, e adesso sono letteralmente sfinito. Dipende forse da quel che ha detto? O è stato qualcosa che io ho fatto a rendere così noiosa la seduta? E così per me è assurto a criterio di una buona analisi che, qualsiasi cosa accada, l'intera seduta risulti interessante, tale non già grazie a un'abile e brillante formulazione, ma perché i due, analista e paziente, parlano di qualcosa che ha un peso, che è autentica, che li tocca entrambi...

Schultz: La tradizione e gli ispiratori che lei ha elencato, gli scritti profetici, Marx, Bachofen, Freud e il buddismo, evidentemente sono tra loro in connessione, e tuttavia sono talmente disparati che a qualcuno potrebbe sembrare strano che in lei ne sia derivato un simile mosaico o, per dirla con certi suoi amici, una sintesi creativa. Lo ritiene indicativo?

Fromm: Senz'altro. L'impulso più profondo del mio pensiero e del mio sentire era un'appassionata aspirazione ad affrancare dal loro isolamento queste correnti in apparenza disparate, che del resto, eccezion fatta per il buddismo, sono decisive per la formazione della cultura europea, cogliendo in esse la struttura comune o, se preferisce, ricavandone una sintesi. Più esattamente: non si tratta di una vera e propria sintesi; voglio dire che sono aspetti diversi di un atteggiamento di fondo, di una concezione basilare. Vede, ci sono due scrittori che leggo più volentieri di ogni altro: Eckhart e Marx. A questo punto, gran parte delle persone naturalmente potrebbero replicare: ma che dice? Non ha senso, come posso crederle? E invece, il radicalismo di Meister Eckhart e la filosofia di Karl Marx hanno una profonda comunanza, ed è la penetrazione oltre la superficie alla ricerca delle radici. Per dirla con Eckhart, la radice spiega lo sviluppo delle cose, e ad affermarlo potrebbe essere stato anche Marx, anche Freud. Noi siamo abituati a incasellare gli autori e le loro opere; ne isoliamo una pagina, e così facendo abbiamo occhi solo per questo o quello, non già per la sostanza, non già per l'intero. Io al contrario volevo tentare di unire tra loro, di inserire in un contesto vivente aspetti decisivi che sono stati scissi l'uno dall'altro ma che stanno a fondamento del pensiero occidentale. Direi che è stato questo l'impulso fondamentale e il contenuto di ciò di cui mi sono occupato da quarant'anni a questa parte.

Schultz: Vorrei, se è d'accordo, interrompere a questo punto il filo del nostro discorso, e concedere a lei e a coloro che ci ascoltano una piccola pausa artistica. Mi risulta, signor Fromm, che lei ascolta spesso musica e che impone questa sua abitudine anche agli ospiti, me per esempio. A differenza di un suo collega della scuola di Francoforte, Theodor W. Adorno, lei non si ritiene un esperto, sì però un amante della musica. Ora, c'è una musica che lei preferisce o che al contrario non le dice niente?

Fromm: In fatto di gusti musicali, sono molto *démodé*. D'altro canto per me la musica è molto importante, non come lo sarebbe per un esperto, bensì in quanto esperienza, puro ascolto, e mi riuscirebbe difficile pensare di vivere dove non ci sia musica.

Schultz: Ho dato un'occhiata ai suoi dischi, e ho trovato molta musica barocca, molto Mozart, soprattutto concerti per fiati e per violino, molto Beethoven; ma lei stesso mi ha detto che tra le sue preferenze ce n'era una particolare, precisamente le *Suites per violoncello* di Bach eseguite da Pablo Casals, che lei ha scoperto per caso da giovane: e Casals si è esercitato per dodici anni prima di trovare il coraggio di eseguire quelle musiche in pubblico in una maniera che lei ha definito «quintessenza dell'opera di Bach». Ho portato con me le sei *suites*; vogliamo ascoltarle per qualche istante? Prima, però, mi permetta di fare una breve osservazione a margine: di recente mi è capitata sott'occhio una splendida intervista televisiva, che risale ad alcuni anni prima della morte di Casals, e nel corso della quale era stato chiesto al grande musicista che cosa avrebbe detto se all'improvviso gli fosse stata concessa la possibilità di parlare al mondo intero. Ha risposto Casals: direi a tutti gli uomini che in fondo al loro cuore quasi tutti vogliono più pace che guerra, più vita che morte, più luce che oscurità; dopodiché, per rendere chiaro ciò che voglio dire, farei loro udire, non già una melodia sentimentale, ma qualcosa di fortemente vitale: Bach.

Schultz: Signor Fromm, cinque o sei anni di lavoro le è costata la stesura di un suo libro, *Anatomia della distruttività umana*, che affronta la problematica dell'aggressività umana. Si tratta in un certo senso di un antilibro in quanto si contrappone a molte, popolarissime concezioni dell'aggressività umana. L'opera contiene un capitolo destinato senz'altro a richiamare l'attenzione del popolo tedesco: un capitolo su Hitler, una caratterizzazione di Hitler. E anche questo si potrebbe definirlo un anticapitolo, in quanto si differenzia sostanzialmente da tutto quel che attualmente in Germania si scrive sull'argomento e suscita tanto interesse.

Fromm: Di recente sono state date alle stampe molte opere su Hitler, tutte con alte tirature. A compilarle sono stati ex nazisti. Le due opere principali apparse in Germania sono quelle di Fest e di Maser. Negli USA, qualche tempo fa è uscito un libro di Langer che ha una singolare storia. Si tratta di uno studio commissionato durante la guerra dal servizio segreto americano che desiderava un ritratto psicologico di Hitler. Autore ne è uno psicoanalista di osservanza rigidamente ortodossa, e finora il libro è rimasto segreto, come accade negli Stati Uniti con molti documenti che non contengono nulla di segreto. Inutile dire che l'autore ha avuto all'epoca a disposizione pochissimo materiale, e che ha analizzato Hitler dal punto di vista freudiano: il Führer aveva sostiene, un complesso di Edipo, aveva assistito al congiungimento sessuale dei suoi genitori, e via di questo passo; ed ecco Hitler spiegato. Ovviamente, è tutto assai ingenuo: non ci si può servire di osservazioni di valore generico per delucidare un carattere complesso come quello di Hitler.

C'è anche l'analisi, assai migliore della precedente, di un autore francese, Jacques Brosse il quale, finché non si serve del gergo analitico, sa cogliere molto bene Hitler; quando poi al gergo analitico fa ricorso, se ne esce con idee assolutamente astruse, talmente complicate e risibili che sarebbe lungo e difficile riassumerle. Comunque, nella misura in cui fa leva sull'empatia e sulla sana comprensione dell'essere umano, accantonando le formule analitiche teoriche, il suo libro è di gran lunga il migliore del genere.

La mia analisi personale si discosta sia dai testi storici che si vanno pubblicando in Germania, sia dai tentativi di tracciare psicobiografie di Hitler, del quale ho fornito una breve analisi già nel 1941 nel mio *Paura della libertà*, senza però rifarmi a materiali relativi all'infanzia del Führer. Il mio attuale tentativo è assai più approfondito e si avvale dei più recenti materiali storici. Nella mia prima analisi, avevo visto Hitler soprattutto quale un sadomasochista, cioè, secondo la mia concezione del sadomasochismo, un uomo animato da un'illimitata brama di esercitare controllo e potere su altri, ma in pari tempo anche propenso alla sottomissione. In seguito, grazie a più attenti studi e a una più attenta riflessione, sono giunto ad appuntare l'attenzione su un altro fattore che nel caso specifico mi sembra più importante. Lo indico con il nome di necrofilia. Si tratta di un concetto che di solito viene ricollegato soltanto a una perversione sessuale; io però seguo l'esempio del grande filosofo spagnolo Unamuno che in un discorso pronunciato nel 1936 a Salamanca ebbe ad affermare che il motto dei falangisti, *Viva la muerte*, è una parola d'ordine necrofila. Per necrofila in senso non sessuale, non fisico, intendo l'attrazione per tutto ciò che è morto, privo di vita, che tende alla dissoluzione, alla distruzione di nessi vitali, in altre parole, l'attrazione per ciò che è puramente meccanico in luogo dell'amore per ciò che è vivente. Insomma, necrofilia significa amore per ciò che è morto. *Necros* significa cadavere, e necrofilia non è l'amore per la *morte*, bensì amore per il *morto*, per tutto quanto non è vivente. A esso si contrappone l'amore per il vivente, per tutto quanto cresce, è strutturato non è smembrato, costituisce un'unità.

Per tornare a Hitler: verità vuole che si dica che, se Hitler ha scatenato una guerra che ha avuto per conseguenza lo sterminio di milioni di esseri umani, non gliene va attribuita una responsabilità esclusiva, perché lo stesso hanno fatto e fanno da seimila anni a questa parte generali e uomini di stato, per lo più giustificandolo con la razionalizzazione che era necessario per il bene della patria, e simili. Hitler ha sterminato esseri umani impotenti, cosa che molti generali e uomini di stato, che pure hanno voluto la guerra, non hanno fatto, è vero. Ma il punto fondamentale della mia analisi di Hitler consiste nel dimostrare che il Führer era un uomo il quale nel profondo dell'animo odiava tutto ciò che è vivente. Se si afferma che odiava gli ebrei, ovviamente si dice il vero, e d'altra parte non è esatto perché l'affermazione è troppo riduttiva. Certo, Hitler odiava gli ebrei: ma odiava anche i tedeschi. Tant'è che, sfuggitagli di mano la vittoria, umiliato il suo orgoglio, avrebbe voluto condannare alla distruzione l'intera Germania, e del resto l'aveva già detto nel 1942: se questa guerra sarà perduta, vuol dire che il popolo tedesco non merita di sopravvivere. Hitler costituisce l'esempio limite di un individuo necrofilo, il cui carattere restava celato ai suoi seguaci grazie alle sue asserzioni salvifiche.

Nell'espressione di Hitler c'era un tratto che si nota in più di un individuo necrofilo, ed è un modo di annusare come se si sentisse qualcosa di puzzolente – solo che non c'è nessun cattivo odore. Ma accade che per uomini di tal fatta tutto ciò che è vivente sia sozzura, come se fosse alcunché di morto, e costoro fanno propria una forma quanto mai arcaica di rapporto col mondo: l'annusare, l'odorare. Von Hentig ha raccolto tutta una serie di casi, ricavati dalla letteratura criminologica, da cui risulta questa caratteristica, per esempio la voglia, reperibile in certuni, di annusare cattivi odori. Costoro trovano «eccitanti» sentori di putrefazione, escrementi, cose in decomposizione: una perversione rivelata anche dall'espressione del volto. È facile notare che nell'individuo necrofilo il viso è immoto: egli non reagisce, è gelido, mentre nell'individuo biofilo il volto è mobile, si illumina quando egli scorge qualcosa di vivente.

Si può dirlo anche in altro modo: il necrofilo è terribilmente noioso; il biofilo non è mai noioso. E non per via dell'argomento di cui parla: può dire anche cose affatto prive di importanza, ma in quel che dice c'è sempre alcunché di vivente. Il neocrofilo saprà dire anche cose intelligenti, ma quel che dice resta morto. Ed è facile costatare che a volte capita che un intellettuale dica cose straordinariamente intelligenti, e tuttavia l'impressione che se ne ricava è di noia, e che invece un individuo assai meno brillante sia in grado di dire cose semplicissime (e questo ci riporta alla nostra problematica del dialogo), e non se ne è annoiati, ma anzi stimolati, perché a parlare è la vita. Ad attrarre è sempre il vivente, e una persona riesce affascinante per la sua vitalità. Oggi si crede – lo affermiamo noi uomini, e l'industria cosmetica riesce a persuaderne le donne – che si diviene amabili e attraenti se ci si imbelletta in questo o quel modo, secondo certe regole oppure si atteggia il volto in un certo modo, se si imita una certa espressione che dovrebbe risultare moderna e affascinante, e molti sono coloro che ci cascano, essere umani qualsiasi che non hanno un io molto robusto. Ma l'unica cosa che attragga davvero è la vitalità. È facile costatare che due individui in procinto di innamorarsi a vicenda si attraggono reciprocamente perché mossi dal desiderio di piacersi e conquistarsi, in effetti sono più vitali del solito. A volte purtroppo accade che, quando abbiano raggiunto il loro scopo, quando si «hanno», il loro desiderio di essere vitali sia già notevolmente scemato, all'improvviso eccoli affatto diversi, e ben presto non si amano più, anzi non sanno più neppure perché si fossero innamorati: il partner appare infatti sotto tutt'altra luce, non è più bello perché è scomparsa la bellezza che gli era conferita dalla vitalità.

Nei necrofili non c'è bellezza perché non sono vivi, e lo si vede chiaramente in Hitler, che non era capace di ridere liberamente, da uomo vivo. Speer mi ha raccontato quanto insopportabilmente noiose fossero le cene o i pranzi da Hitler, il quale parlava e parlava senza rendersi conto che i commensali ne erano tediati; e lui stesso s'annoiava al punto che a volte, parlando, s'addormentava. È tipicamente necrofilo, antivitale.

I concetti di necrofilia e biofilia sono andati prendendo forma in me, non solo sulla scorta delle mie esperienze cliniche, ma anche per influenza del concetto freudiano di impulso di vita e impulso di morte. In un primo momento ho respinto quest'ultimo, non ho voluto saperne, come fanno gran parte degli analisti, perché mi sembrava frutto di mera speculazione senza basi empiriche; poi però sulla scorta delle mie osservazioni cliniche mi sono reso conto che la formulazione teorica di Freud era, sì, discutibile, ma che il fondatore della psicoanalisi come tante altre volte aveva messo il dito su qualcosa di importantissimo, vale a dire che le due forze originarie nell'uomo sono l'*attrazione per il vivente* e l'*attrazione per il morto e il distruttivo*. E Freud ha saputo esprimerlo con molta efficacia, dicendo che l'eros, l'impulso di vita ovvero l'impulso d'amore, ha la tendenza all'integrazione in un tutto, all'unione, mentre l'impulso di morte ha di mira la disintegrazione, lo smembramento come preferisco definirlo.

Le differenze fondamentali tra la formulazione di Freud e il concetto di necrofilia e biofilia sono due. In primo luogo, in Freud le due forze hanno andamento parallelo: la brama di distruzione e la gioia di vivere a suo giudizio nell'uomo hanno uguale valenza. Ma io non lo credo, in parte per motivi biologici, dal momento che dal punto di vista della sopravvivenza non risulta che l'autodistruzione svolga un ruolo altrettanto importante dell'impulso al mantenimento e al dispiegamento della vita, almeno se si parte dal presupposto che la sopravvivenza costituisce in effetti il supremo principio biologico. E non ci credo anche per un altro motivo, ed è che si può dimostrare che le tendenze distruttive, le tendenze alla morte, sono il risultato di un fallimento dell'arte di vivere, di un modo di vivere sbagliato.

È infatti evidente che l'uomo cui manchino le possibilità di essere libero e di svilupparsi, che è limitato, che vive in una classe o in una società in cui tutto è meccanico, tutto è senza vita, perde la capacità di espandersi. La piccola borghesia, che costituiva il nerbo dei seguaci di Hitler, era composta appunto da individui la cui situazione socioeconomica era piena di angustie, i quali non avevano speranze, perché in seguito allo sviluppo del capitalismo moderno la loro classe pareva destinata alla morte economica. I nazisti, in un primo tempo, diffusero l'idea idillica che i grandi magazzini dovevano appartenere a tutti i piccoli commercianti e che ciascuno aveva diritto ad avervi una sua piccola nicchia: una risorsa propagandistica e demagogica di straordinaria efficacia, ma com'è ovvio idea del tutto campata in aria, tant'è che il nazionalsocialismo, lungi dall'ostacolare lo sviluppo capitalistico della Germania, ha anzi lasciato che proseguisse indisturbato.

Il nesso tra vitalità frustrata e necrofilia può essere colto anche in singoli particolari. Non sono rari individui le cui famiglie sono talmente «morte», che durante la loro intera infanzia essi non avvertono il minimo soffio di vitalità: tutto è burocratizzato, tutto routinizzato, tutto è «avere», tutto è regola, e ogni spontanea spinta vitale viene vista dai genitori come qualcosa di deprecabile. Il bambino, che per natura ha indubbiamente la tendenza alla vivacità e all'attività, come hanno comprovato recenti ricerche neurofisiologiche e psicologiche, viene sempre più scoraggiato e imbocca una strada in cui il non vivente ha parte cospicua. Infine, si può dire che chi non prova gioia di vivere è portato a vendicarsi e a distruggere la vita, anziché a rendersi conto che non riesce a dare a essa un senso. Costui è fisiologicamente vivo ma spiritualmente morto. Ed ecco allora venire a galla un'attiva brama di distruzione, il desiderio di annichilire tutti, compresi se stessi, piuttosto di ammettere che, pur essendo nati, non si è riusciti a diventare esseri davvero viventi. È certo un amarissimo sentimento per chi lo prova, e non si sbaglia affermando che a questo punto il desiderio di distruzione diviene una reazione pressoché coatta.

Schultz: E crede che la necrofilia sia in aumento?

Fromm: Temo di sì, e lo temo perché a incrementarla è l'eccessivo interesse per tutto ciò che è meccanico. Noi rifuggiamo dalla vita. È assai difficile spiegare in poche parole perché nella società e nella cultura cibernetiche la *cosa* sostituisca sempre più ampiamente gli *uomini*, perché rimuova il vivente. L'uomo, come abbiamo già detto nel corso della nostra conversazione, si fa *sempre più insicuro circa il proprio essere*. Parlando di «essere», faccio ricorso a un concetto che nella storia della filosofia ha avuto un ruolo cospicuo; la domanda «Che cos'è l'essere?» ricorre di continuo nella speculazione filosofica. Ma a interessarmi qui non è il significato filosofico, bensì l'aspetto del vissuto, e mi spiego con un semplice esempio. Una donna in analisi molto spesso esordisce dicendo: Dottore, «ho» un problema; «ho» un matrimonio felice, certo, «ho» due figli, ma «ho» anche molte difficoltà. Tutte le sue frasi sono costruite con riferimento all'«avere»: l'intero mondo le appare come oggetto dell'avere. In altri tempi si sarebbe detto parlo sia dell'inglese che del tedesco e lo si nota in entrambe le lingue: mi *sento* infelice, *sono* contenta, *sono* preoccupata, *amo* mio marito (oppure *non lo amo*) o *dubito* di amarlo. Così facendo, si parla di ciò che si è, vale a dire della propria attività, di ciò che tocca i sentimenti, non già di un oggetto o di un possesso; ma sempre più spesso accade che la forma imperniata sull'essere, venga sostituita da forme sostantivali basate sulla parola «avere»: io *ho* tutto – e *non sono* niente.

Schultz: Se si può conferire tanta forza, come lei fa, alla parola «vivere», e se gli uomini a suo giudizio non sono più in grado di darsi un futuro umano in nome del popolo, in nome della legge, in nome del partito, oppure in nome del possesso, di Dio o di altre autorità, ma possono assicurarselo soltanto *in nome della vita*, allora il suo interesse per la vita non può, signor Fromm, che essere accompagnato, ritengo, da un interesse per le *condizioni* in cui la vita può svilupparsi appieno ovvero per le situazioni che non lo permettono. Le chiedo: può indicare condizioni, situazioni, venute in essere per amore della vita? La sua visione della biofilia ha conseguenze politiche? A differenza di gran parte dei suoi colleghi psicoanalisti, lei è un uomo esplicitamente politico, un uomo politico indipendente nel senso che politica non le appare tutt'uno con appartenenza a un partito. Ma forse si può meglio *prendere* partito quando *non si è* di un partito. Non c'è dubbio che quest'atteggiamento abbia a che fare con la sua posizione teorica. Può dire qualcosa in merito?

Fromm: Volentieri. Si tratta infatti di un problema importante dal punto di vista individuale come da quello generale. E lei ha detto giustamente che negli anni in cui di solito ci si iscrive a un partito politico, quelli giovanili, io non l'ho mai fatto. Per qualche anno sono stato membro del Partito socialista americano, ma ne sono uscito quando a mio giudizio esso ha assunto connotazioni così accentuatamente di destra che, col migliore degli ottimismi, non era più possibile militare nelle sue file. Sì, sono uno che ha un vivissimo interesse per la politica, ma non per questo disposto ad aggrapparmi a illusioni semplicemente perché confermano la mia «linea». La menzogna può legare a un partito, ma solo la verità in ultima analisi porta alla liberazione dell'uomo. Troppi tuttavia sono coloro che hanno paura della libertà e preferiscono l'illusione.

Schultz: Se questo accade, è proprio perché militano in un partito che può imporre i paraocchi. Voglio dire che in un certo senso la politicizzazione partitica si identifica con la spoliticizzazione. Con questo, non intendo puntare il dito contro i partiti e la loro indispensabilità; ma ho l'impressione che, quando la politica si trasforma in partitocrazia, corriamo il pericolo di diventare apolitici.

Fromm: Proprio così, dal momento che i partiti, in primo luogo quelli più progressisti (e del resto oggi posizioni del genere non prendono quasi più la forma di partito), dovrebbero presupporre individui assai indipendenti. È un'assoluta necessità politica che ci siano uomini politicamente impegnati i quali dicano sempre, senza infingimenti, ciò che pensano e ciò che sanno. Privato e pubblico non possono essere scissi, impossibile separare la cognizione di sé e la cognizione della società, le quali vanno di pari passo. E qui, a mio giudizio, va ricercato l'errore di Freud e di molti analisti i quali sostenevano e sostengono che le si può invece separare, che si può avere piena penetrazione di se stessi ma non avere occhi per gli eventi sociali. Ma è impossibile, non fosse altro perché la verità è indivisibile: impossibile vedere qui la realtà e lì, invece, restare ciechi di fronte a essa. È un atteggiamento che smussa la lama, voglio dire che rende inefficace la ricerca della verità. E si riesce a vedere esattamente se stessi solo a patto di scorgere chiaramente gli altri, di vederli nella loro collocazione sociale, in altre parole se si è critici nei confronti di ciò che accade nel mondo. È questo anche un imperativo dell'amore. E se si ama l'uomo, è impossibile, e fonte di errori limitare la conoscenza e l'amore al singolo. Bisogna invece essere un uomo politico, appassionatamente interessato, se posso usare quest'espressione, nel modo che meglio corrisponde al proprio temperamento, alla propria professione, alle proprie facoltà.

Vorrei aggiungere ancora un'osservazione che ha attinenza con quanto ho detto. Ritengo che agli intellettuali spetti innanzitutto un compito, anzi uno solo: cercare la verità nei modi per loro più adatti, e proclamarla. L'intellettuale non è elettivamente chiamato – non è questa la sua primaria funzione – a stilare programmi politici. Dicendo questo, non sono affatto in contraddizione con quanto ho detto prima. La specifica funzione dell'intellettuale – ed è essa che come tale lo qualifica o dovrebbe qualificarlo – è quella propria dell'attività intellettuale: il perseguimento senza compromessi della verità, senza riguardi per gli interessi propri o altrui. E quando accade che l'intellettuale, postosi al servizio di un programma di partito o di obiettivi politici, per buoni che siano, accantoni la sua funzione, che consiste nel cercare e proclamare l'intera verità, viene meno al compito che gli è proprio, e in ultima analisi anche al fondamentale compito *politico* che gli spetta. Ritengo infatti che il progresso politico dipenda da quel che sappiamo della verità, dalla chiarezza e abilità con cui la proclamiamo e dall'influenza che così esercitiamo sui nostri simili.

Hitler: chi era e che cosa si intende per resistenza antihitleriana

Schultz: In tutto il mondo si dedica crescente attenzione alla problematica della resistenza. Ciò per molti motivi, come molte sono le forme di resistenza. C'è un diritto e anzi un dovere alla resistenza.

Gandhi ha teorizzato un'ampia scala di possibilità e sviluppi strategici della resistenza, mettendola in pratica con straordinario successo. Ma per lui era fuori dubbio che la resistenza non si esauriva nel perfetto dominio di certe tecniche di lotta, trattandosi al contrario di un atteggiamento che riposa su una convinzione e coinvolge l'intera esistenza dell'uomo. Gandhi ha paragonato a soldati coloro che praticano la resistenza, affermando che devono essere pronti a rinunciare alla vita, ma che la loro intrepidità non deve essere coraggio bellico, bensì volontà di pace; la loro arma è la rinuncia alle armi. Solo ora cominciamo lentamente a renderci conto del grande significato politico di questa dottrina gandhiana della resistenza. Hitler non ha incontrato in pratica nessuna resistenza tempestiva e programmatica nel senso di Gandhi.

Pure, dobbiamo parlare di resistenza a Hitler: della resistenza che ha avuto effettivamente luogo e di quella che è stata assente. E per capire che cosa significhi resistenza antihitleriana, bisogna chiedersi: chi era Hitler come uomo? Come si spiega che godesse di tanta, irrazionale autorità?

Se si consulta la copiosissima letteratura su Hitler, si resta colpiti dal fatto che la maggior parte degli autori non siano rimasti stupiti da quest'uomo. Le loro spiegazioni di norma sono alquanto banali, e non pochi di essi giungono alla conclusione che, se la resistenza contro Hitler fosse stata più decisa e meglio organizzata, egli non sarebbe riuscito a fare quel che ha fatto.

Ritiene che ciò risponda al vero? Si sapeva davvero chiaramente a chi o a che cosa bisognava resistere? Ed è possibile un'opposizione adeguata in mancanza di strumenti intellettuali che permettano di farsi un'idea precisa della complessità della figura e dell'incidenza di Hitler? Indubbiamente, molti resistenti erano abbastanza consapevoli di chi fosse Hitler e contro che cosa dovevano lottare; d'altra parte, non avevano di fronte solo un singolo uomo, bensì un *fenomeno di massa*. E dunque, la loro era una battaglia perduta in partenza, perché non potevano avere la sensazione di essere seguiti e sorretti da gruppi cospicui della popolazione (e lasciamo da parte la questione se effettivamente costoro mirassero a una fondazione democratica) i quali avessero del pari aperto gli occhi. I resistenti erano impastoiati dall'inquietante impressione di essere comparsi da un lato troppo tardi, dall'altro troppo presto: la caduta di Hitler era assolutamente indispensabile – ma la popolazione era matura per una politica senza Hitler? Dubbi, questi, che hanno avuto incidenza cospicua su vaste cerchie di resistenti.

Signor Fromm, a differenza di gran parte dei suoi colleghi, lei si è assai presto schierato a favore di una nuova psicologia e antropologia politica, e le categorie che lei deriva dalla sua posizione mi sembrano indispensabili per definire Hitler, oltre che per mettere in discussione altri punti di vista.

Fromm: E allora, chi era l'uomo Hitler? È una domanda che, riguarda più o meno da vicino, ogni persona. Chi è l'altro? E chi sono io? Ma si può mai dire l'ultima parola in merito? Difficile nel caso di Hitler come in quello di chiunque. Nell'uomo infatti sono all'opera disparati moventi, tendenze, contraddizioni; accanto a ciò che consapevolmente pensa di sé, c'è tutto quello che inconsciamente sente e fa, ragion per cui è impossibile giungere a una risposta conclusiva alla domanda: chi era costui, chi è questi, chi sono io? Sarebbe tuttavia erroneo derivarne un relativismo, affermare: non sappiamo assolutamente chi sia questi o quegli, chi sia io. Per approssimazione e, in fin dei conti, per tutti i fini pratici, è sempre possibile saperne tanto da rendersi conto se un individuo è una benedizione o una maledizione. Fatta questa riserva, posso arrischiarmi a dire qualcosa sull'uomo Hitler.

Chi ne esamini la storia, può senz'altro dire che si è trattato di un individuo che sempre, fin da bambino, è vissuto in un mondo di fantasie. Era animato da idee megalomani, in forza delle quali non riusciva mai ad adeguarsi alla realtà; egli stesso nel *Mein Kampf* ha dato di sé un ritratto dal quale risulta che il conflitto con suo padre derivava dal fatto che lui, Hitler, voleva essere un artista, mentre il genitore voleva che facesse l'impiegato. Ma non era questo il conflitto effettivo.

Essere artista significava, per Hitler come per certi altri, non essere legato a niente, vivere soltanto secondo le proprie fantasie. E per il padre, ciò che importava non era soprattutto che il figlio diventasse un impiegato – sebbene ci tenesse perché era egli stesso tale – ma l'evidenza, per lui sempre maggiore, che quel figlio mancava di senso della responsabilità, che rifiutava la disciplina e non faceva nulla per inserirsi attivamente nella vita, per seguire una meta. Per tale motivo Hitler, al pari di molti narcisisti, è andato incontro a delusioni in serie. Le sue idee megalomani si gonfiavano, sempre più ampio si faceva lo iato tra queste e le sue effettive realizzazioni, e lo iato era fonte di risentimenti, di livori, di odio, oltre a promuovere un'ulteriore crescita delle idee di grandezza di Hitler il quale, quanto meno si attuava nella realtà, tanto più sprofondava nelle fantasticherie.

Schultz: È questo si è verificato già precocemente?

Fromm: Molto precocemente, sì. Hitler è andato a Vienna, dove non potè sostenere gli esami d'ammissione all'Accademia di belle arti: avrebbe voluto studiare architettura, ma per poterlo fare avrebbe dovuto frequentare un anno integrativo di scuola secondaria. Questo però non voleva né poteva farlo. Nascose dunque a tutti, anche al migliore amico, la faccenda dell'esame, e se ne andò per le strade della capitale austriaca a disegnare le facciate delle case più belle.

È così, si diceva, che si diventa architetti. In realtà divenne solo un piccolo affarista, se si preferisce un artista commerciale, che copiava in maniera meticolosa e pedante da cartoline, non certo dalla natura. Con la vendita di questi suoi lavori, riusciva a procurarsi di che vivere modestamente.

Totale era stato il suo fallimento per quanto riguardava le sue idee di grandezza – e a questo punto scoppiò la guerra, e in essa Hitler si «svegliò», d'un tratto poté identificarsi con la Germania, non ebbe più bisogno di agire autonomamente. Fu in effetti un soldato coraggioso e di sicuro affidamento, anche se gli ufficiali si lamentavano della sua prontezza a leccare i piedi ai superiori: un tratto che gli era caratteristico e che mai è scomparso, anche se più tardi, quando ebbe il potere, fu in grado di costringere tutti a leccargli a loro volta i piedi: ormai nessuno era più al di sopra di lui, tranne il «destino», la «provvidenza», le «leggi di natura» alle quali si inchinava.

Ma questo è solo una delle facce di Hitler; un'altra era il suo colossale narcisismo. Che cosa significa narcisismo? È un termine con cui indico qualche cosa che ognuno può osservare per conto proprio: con grande facilità in altri, più difficilmente in se stesso. Narcisista è colui per il quale reale e importante è soltanto ciò che lo riguarda. La mia idea, il mio corpo, le mie proprietà, le mie concezioni, i miei sentimenti: solo questo è reale; e quel che non è mio è vago, quasi inesistente. Nel caso di un malato di mente, l'atteggiamento può spingersi al punto da renderlo del tutto incapace di percepire quanto avviene nel mondo esterno. E Hitler è rimasto narcisista vita natural durante, mai si è interessato d'altro che non fosse lui stesso. Era quasi affatto privo di sentimenti, privo di interessi, si trattasse di sua madre o di amici. In effetti, di amici non ne aveva, viveva isolato, conosceva soltanto i propri piani, il proprio potere, la propria volontà.

Ma forse il tratto più importante in lui era la *necrofilia* che è, lo ripeto, amore per ciò che è morto, per la distruzione, per tutto quanto non è vivente. Inutile dire che si tratta di un argomento assai arduo, che non posso certo esaurire in questa sede. Posso tuttavia fornire qualche accenno: ci sono individui caratterizzabili dall'affermazione che amano la vita; e altri, ve ne sono, dei quali è lecito dire che odiano la vita. I primi sono facilmente riconoscibili, e non c'è nulla di più attraente di uno che ami, e di cui ci si accorga che non ama soltanto qualcosa o qualcuno, bensì *la vita*. Ma esistono altri, che non amano la vita, che anzi la odiano, che sono attratti dal non vivente, in ultima analisi dalla morte.

Schultz: A questo punto, però, si impone una domanda: come si spiega che all'influenza necrofila di Hitler non si siano opposti maggior rifiuto, maggior repulsione, maggior antipatia? Non si dà forse il caso che la necrofilia, almeno allo stato nascente, predominava in vasti strati della popolazione? E non si deve dunque ammettere una corrispondenza, un rapporto di scambio, addirittura una cooperazione, tra Hitler e quanti lo seguivano, lo obbedivano, lo approvavano?

Fromm: La risposta a questa domanda è complessa. In primo luogo, esisteva effettivamente un'ampia corrispondenza tra il carattere di Hitler e quello dei suoi fanatici seguaci. E se si esamina la situazione sotto il profilo sociologico e socialpsicologico, si costata che il nucleo dei nazisti fanatici era di origine piccoloborghese, proveniva cioè da una classe del tutto senza speranza, gonfia di risentimenti, ed essa stessa con tendenze sadomasochistiche, la quale presentava insomma quel che si potrebbe definire «carattere da ciclista», nel senso che chinava la schiena e, come si dice in tedesco con espressione idiomatica, pestava sui pedali, cioè era servile con i superiori e arrogante con i sottoposti. Gente nella cui esistenza non c'erano più valori, più nulla di interessante, interessati unicamente a esercitare il dominio sugli altri e anzi all'autodistruzione.

Ma eccoci al secondo punto: Hitler era un attore, uno straordinario attore, per cui riusciva a far credere che i suoi obiettivi fossero la salvezza, la redenzione, il bene della Germania. E la sua recita era a tal punto convincente, che milioni di persone gli credettero e non ebbero occhi per la verità. Hitler era dotato di straordinarie facoltà di suggestione; e poco importa se questa capacità la si definisce carismatica, ipnotica o demagogica. Sembra che Hitler esercitasse una tale influenza, che si era pronti ad arrenderglisi (da più parti si afferma che c'era chi cedeva al suo sguardo). Il meccanismo funzionava così: dapprima ci si sottometteva a lui, poi si credeva a ciò che diceva. Hitler stesso ha dichiarato che le adunate bisogna tenerle la sera, quando la gente è già stanca e più pronta a credere, ha minori capacità di resistenza intellettuale a quel che le si dice. La somma di questi fattori fece sì che Hitler poté disporre di seguaci fedelissimi, che ingannava perché teneva loro nascosta la propria distruttività. Milioni e milioni di persone non intravvidero gli obiettivi che perseguiva, e gli corsero dietro come i topi al pifferaio di Hameln, senza sapere dove li conducesse.

Schultz: Dunque, Hitler era l'incantatore. Era presumibilmente uno che scendeva «dall'alto» ed era anche quel che si usa definire «uomo forte», che prometteva soluzioni, addirittura la redenzione. D'altro canto, mi sembra che Hitler sia stato creato «dal basso», o che per lo meno dal basso sia stato reso possibile, in altre parole che si sia trattato del prodotto di attese e di particolari condizioni sociali. E ho il sospetto che, da questo punto di vista, ogni uomo forte sia in realtà un uomo debole: la propria forza la deve alle circostanze, al fatto di essere il portavoce di molti, mentre la forza che si esprime nella resistenza è di tutt'altra natura. Probabilmente Hitler non sarebbe stato adatto alla resistenza come noi qui la intendiamo, o mi sbaglio? A me interessa soprattutto il rapporto singolarissimo tra il Führer, la «guida» e i guidati-affascinati.

Fromm: Mi sembra che lei abbia perfettamente ragione. Hitler era un capo che tuttavia aveva bisogno delle masse per sentirsi forte. Non era uomo capace di elaborare e diffondere un'idea senza applausi. Di questi aveva bisogno, aveva bisogno di entusiasmo per sentirsi realizzato. Il suo sentimento di potenza derivava dalla reazione di coloro ai quali si rivolgeva, cosa evidente già nella piccola cerchia DEL Partito nazionalsocialista dei lavoratori, ventun uomini in tutto con i quali iniziò a Monaco la sua carriera. Al pari di ogni narcisista, era talmente pieno di sé, che ogni parola che pronunciava suonava alle sue stesse orecchie come la massima saggezza e verità. Ma per credere in *se stesso*, aveva bisogno di altri che credessero *in lui*; se egli solo e nessun altro avesse creduto in lui, sarebbe sprofondato nella follia, le sue tesi non essendo il risultato di una convinzione razionale, bensì l'espressione di desideri emozionali: si basavano sul sentimento della sua propria grandezza, del suo potere che però, come ho detto, aveva bisogno di conferme. Se a Hitler si toglie il plauso e il successo, non resta che un uomo sull'orlo della pazzia. Con questo non voglio dire che fosse pazzo: non lo era, ma si proteggeva, se si può dirlo magari esagerando un po', dal pericolo di essere preda della follia facendosi confermare che le sue idee avevano rispondenza nella realtà, al punto che milioni di uomini lo seguivano. La riprova della verità risiedeva nel plauso, non già nella coerenza interna dell'idea stessa. Che cosa fosse vero, a Hitler non interessò mai: per lui contava, come del resto per ogni demagogo, ciò che gli procurava il plauso, e il plauso rendeva vera ogni cosa.

Schultz: Quello che lei dice potrebbe fornire molte chiavi per la comprensione della politica e degli uomini politici. Io temo però che siamo ancora lontani mille miglia da un'emancipazione politica immune da simili seduzioni dell'irrealtà e dipendenze psicologiche. Ma, signor Fromm, per tornare alla questione iniziale, quali potrebbero essere resistenza, disobbedienza di massa, ribellione contro un uomo come quello da lei testé caratterizzato?

Fromm: Soffermiamoci un momento sulla parola «resistenza». Per resistere, per opporre la propria volontà a quella altrui, per contrastarla a livello emozionale, bisogna essere qualcuno, e allora non è facile lasciarsi ingannare e lasciarsi plagiare, perché al contrario si è pronti, se occorre, alla protesta, al rifiuto, all'indignazione. La premessa tuttavia consiste nel riconoscere che nel caso di un «Führer» come Hitler e la sua politica, non si ha a che fare semplicemente con una determinata concezione politica di ciò che potrebbe essere opportuno per il bene e lo sviluppo della Germania, ma si ha a che fare con le componenti caratteriali e affettive, e filosofiche e religiose, di cui erano imbevute le sue idee.

Naturalmente, Hitler affermava di volere il bene della Germania. Chi non lo vorrebbe? E, naturalmente, non diceva che il suo obiettivo era la distruzione e la conquista di altri paesi; le sue, affermava, erano solo iniziative di carattere difensivo, con uno scopo unico: la prosperità della Germania. Affermazione che, se interpretata come una concezione puramente politica, si presta solo al giudizio sulla sua coerenza o meno e sull'adeguatezza o meno dei mezzi impiegati. Tutto si ridurrebbe a una questione di calcolo razionale, come avviene in campo economico. Ma se ci si rende conto che era soltanto una «razionalizzazione», nell'accezione della psicologia del profondo, e che tali motivazioni d'ordine apparentemente razionale non toccano la sostanza, si giunge alla costatazione che l'ideologia hitleriana è espressione e risultato di un carattere necrofilo e sadomasochista come l'ho poc'anzi brevemente descritto. Solo se si osa spingere lo sguardo *dietro* le formulazioni razionali, senza prestare orecchio solo *a ciò* che il capo *dice*, ma facendo attenzione anche a *come* lo dice, osservandone il volto, i gesti, la persona tutta quanta, solo allora si scopre quale sia il suo carattere, solo allora ci si può rendere conto che il capo in questione è un necrofilo, nei confronti del quale non si può che provare profonda repulsione e indignazione, con il quale non si può avere nulla a che fare, di cui non potrebbe mai essere amico chi impegni tutte le forze al mantenimento della vita, alla dignità dell'uomo e alla propria libertà, laddove nel necrofilo tutte le forze sono volte alla distruzione, alla sottomissione, all'appropriazione, all'assudditamento e al dominio. Sì, dobbiamo smettere di prestare attenzione solo alle parole, per cominciare a esaminare a fondo chi e che cosa sia colui che quelle parole pronuncia, a indagare sulla sua essenza, sul suo carattere.

In questa prospettiva, è dato costatare che nel caso di Hitler come di tanti altri non si ha a che fare soltanto con una politica intesa in senso razionale e finalistico, bensì con una visione del mondo, se si vuole con una religione. Non c'è individuo che non sia religioso in senso lato; in altre parole, per chiunque si danno obiettivi che trascendono la necessità di mantenersi in vita, ci sono una visione e passioni che lo inducono a creare qualcosa che vada al di là del puro essere una macchina che mangia e fa all'amore. Ma oggi religioni del genere di solito non si presentano più in forma di presa di coscienza, ma molto spesso nell'ambito del pensiero e della programmazione politico-economica; e non ci si rende conto che sono in realtà religioni. Ora, se mi si chiede: qual era la religione di Hitler?, posso rispondere che era una religione di idolatria dell'egoismo nazionale, della sottomissione, della disuguaglianza, dell'odio. Era una religione pagana, di potenza e distruzione, e più ancora una netta contrapposizione alla religione del cristianesimo e del giudaismo oppure alla *Weltanschauung* della tradizione umanistica. Si può dirla anche altrimenti: per certi aspetti, la religione di Hitler era quella del darwinismo sociale. Per lui valeva il principio: è buono ciò che serve al mantenimento della razza. L'uomo non agisce quindi più secondo il comandamento di Dio, in nome della giustizia, nel senso dell'amore, bensì in nome dell'evoluzione. E molti sono coloro per i quali, dopo Darwin, il darwinismo sociale è divenuto una nuova religione; i nuovi dei sono i princìpi dell'evoluzione, e Darwin il nuovo profeta di tale religione. Forse l'unica cosa in cui Hitler credeva, era la sua persuasione di servire e attuare le leggi dell'evoluzione, le leggi biologiche.

Né si tratta di un modo di pensare del solo Hitler: lo si ritrova per esempio anche negli scritti di Konrad Lorenz sull'aggressività, nei quali l'idea filosofica di fondo è che bisogna servire le leggi dell'evoluzione: idee che Lorenz ha coerentemente elaborato nel 1941, in un articolo in cui lodava come scientificamente fondata tutta una serie di leggi volute da Hitler per l'«igiene della razza», dichiarandosi in tutto e per tutto d'accordo con lui.

Ora, la domanda è: come riconoscere che dietro le formulazioni politiche si celano in realtà componenti *ideologico-religiose* e *psicologiche*, e che le affermazioni e proclamazioni che si vuole il meglio sono in sé e per sé espressione di una particolare tipologia psichica e ideologica? Prendiamo l'esempio più noto, quello della Rivoluzione francese. Libertà, eguaglianza e fratellanza erano passioni che muovevano gli uomini dell'epoca e che forse sono profondamente radicate nell'intero nostro essere, nella nostra esistenza, e che stando a certi neurofisiologi hanno origine addirittura nella nostra struttura cerebrale. La libertà sarebbe dunque la condizione *sine qua non* del pieno funzionamento dell'organismo umano. Non si trattava pertanto solo di una linea politica dei rivoluzionari francesi: nei loro programmi trovava espressione l'intera filosofia dell'Illuminismo, che aveva profonde radici nel cuore di un enorme numero di individui, i quali dalla situazione storica erano stati portati ad assumere coscienza di queste umane esigenze e ad articolarle. Allo stesso modo, il narcisismo di Hitler era una religione la quale però si proponeva obiettivi di segno opposto, e in quanto tale attraeva individui dal carattere anch'esso antitetico.

Schultz: Si può forse rendere tangibile tutto questo, rammentando l'atteggiamento assunto da Moltke e da Freisler al Tribunale del popolo*. Nella sua dichiarazione conclusiva, Moltke ha detto che ciò che il nazionalsocialismo e il cristianesimo hanno in comune, in pari tempo li differenzia e li rende inconciliabili: entrambi hanno di mira l'uomo totale...

Fromm: Proprio così. In un momento decisivo per la sua vita, Moltke ha saputo esprimere, con una frase sola, quello che io cercavo di esprimere con molte frasi, e lo ha detto con estrema precisione. È appunto di questo che si tratta.

Schultz: In Moltke si trovano numerose dichiarazioni dello stesso tenore, tutte di straordinaria chiarezza e nient'affatto convenzionali. Era un uomo dalle concezioni politiche assai concrete e che in parecchie situazioni esistenziali si era rivelato dotato di grande senso pratico; e tuttavia, Moltke ha sempre indicato nell'*uomo* il punto focale dell'interesse politico. Nei suoi programmi intesi allo sviluppo della cultura popolare, Moltke era largamente ispirato da Eugen Rosenstock-Huessy, il quale sosteneva che ai fini dell'educazione politica in fin dei conti è più importante stabilire *chi* uno *sia*, che non chiedersi quale sia la sua *opinione* politica, a quale partito si ascriva, eccetera. All'epoca, ben pochi erano disposti a prestargli orecchio, e oggi accade lo stesso, perché affermazioni del genere vengono interpretate in chiave «privata» contrapposta alla «politica». Ma, alla luce delle spiegazioni da lei fornite, quest'idea appare in tutta la sua attualità. Resistenza, la resistenza che in larga misura è mancata nei confronti di Hitler, non sarebbe dunque da intendersi come semplice contestazione, bensì quale contrapposizione esistenziale. Ma una contrapposizione esistenziale del genere non è delegabile a politici di professione: in un certo senso è una questione che riguarda i profani, che riguarda tutti. Ed esistono ricerche socio-psicologiche che valgano a convalidare questo punto di vista?

Fromm: Chi è un individuo? Qual è il suo carattere? Forse

* Che li giudicava per l'attentato a Hitler del 20 luglio 1944. Ndt.

questa domanda non è cosa che abbia un interesse soltanto morale e psicologico, bensì anche, ed esplicitamente, politico. Chi non se ne avvede, riduce il concetto di politica. Qual era, dal punto di vista caratteriologico, l'orientamento di gran parte dei tedeschi? Costituivano essi un terreno in cui il seme sparso da Hitler poteva senza difficoltà attecchire e prosperare, oppure un terreno per lui ostico e arido? Effettivamente, esiste una ricerca in merito, che purtroppo a tutt'oggi non è stata pubblicata, quella compiuta nel 1931 da me e da alcuni miei colleghi presso l'Istituto di ricerche sociali di Francoforte.

Nel frattempo, è stata data alle stampe con il titolo di *Arbeiter und Angestellte am Vorabend des Dritten Reiches* (Operai e impiegati alla vigilia del Terzo Reich), Stoccarda 1980.

Allora noi ci siamo posti la domanda: quali prospettive ci sono di un'efficace resistenza contro Hitler, nel caso che questi acquisti sempre più potere? Quanta resistenza gli sarà opposta dalla maggior parte della popolazione, soprattutto da coloro le cui *opinioni* erano o sono antihitleriane, vale a dire dagli operai e anche da una cospicua parte del ceto impiegatizio? Ci proponevamo di studiare la questione mediante un'analisi caratteriologica, che non prendeva in esame propriamente Hitler ma, per la prima volta, faceva proprio il concetto di carattere autoritario, un carattere cioè che per la sua struttura è portato a volersi sottomettere, a piegarsi, ma in pari tempo anche a dominare (le due cose vanno sempre di pari passo, l'una compensa l'altra) in contrapposizione al carattere genuinamente democratico ovvero rivoluzionario che rifiuta il dominio, esercitato o subito che sia, per il quale dunque l'uguaglianza e la dignità dell'uomo rappresentano una profonda necessità e che si sente attirato soltanto da quanto favorisce dignità e uguaglianza.

Siamo partiti dalla seguente considerazione teorica: quel che un uomo pensa ha importanza solo relativa, poiché ha in gran parte carattere casuale e dipende dal tipo di parole d'ordine che l'individuo ode, dal partito che abbraccia per tradizione o per condizionamenti sociali, dalle ideologie che hanno influenza su di lui. Sicché, l'individuo pensa più o meno ciò che anche altri pensano: sintomo, questo, della tendenza all'integrazione e alla dipendenza degli esseri umani. E gli abbiamo dato il nome di *Meinung*, «opinione».

Un'opinione si può facilmente cambiare; essa continua ad aver corso finché le circostanze permangono le stesse. Per inciso, noterò che a questo livello vanno individuate anche le gravi limitazioni delle ricerche demoscopiche, le quali raccolgono appunto semplicemente opinioni e, per la natura stessa dei tests, non possono porre la domanda: «Che cosa farebbe lei domani, se le circostanze fossero del tutto diverse?». Ma se la ponessero scenderebbero su un terreno politico, non limitandosi, come sostanzialmente fanno, a ciò che un individuo *pensa in questo momento*. In realtà, l'importante è come l'individuo vive e agisce; e come vive e agisce dipende dal suo carattere. Se l'indagine vertesse su questo, si perverrebbe a un altro concetto, quello da lei già accennato: il concetto di *convinzione*. La convinzione è un'opinione che ha radici nel carattere dell'individuo, non soltanto nella sua testa; essa deriva da ciò che l'individuo *è*, mentre l'opinione spesso deriva solo da ciò che *ode*. E noi ci siamo detti: gli individui opporranno resistenza solo nella misura in cui abbiano una *convinzione* contraria al sistema terroristico, e non in quanto abbiano soltanto un'*opinione*. In altre parole: soltanto se gli individui hanno essi stessi un carattere non autoritario, opporranno resistenza, contesteranno, non si lasceranno irretire...

Schultz: È davvero singolare il punto di vista sotteso alla ricerca sua e dei suoi colleghi, inconciliabile con l'odierna demoscopia che opera in termini prevalentemente quantitativi. E non soltanto l'indagine demoscopica, bensì anche la cosiddetta cultura politica in effetti ha di mira soltanto l'«opinione» e trascura l'indagine sul carattere.

Fromm: Sì, purtroppo è questa la grave carenza di gran parte delle ricerche sulle posizioni politiche e di tutti gli sforzi intesi a creare una cultura politica. Non si tiene conto del fattore caratteriologico né di quello ideologico-religioso insito in ogni politica. E c'è un altro concetto ancora, che è stato sottolineato soprattutto dal marxismo, quello di politica come espressione di interessi economici e di classe; i marxisti continuano a insistere su di esso in contrapposizione al carattere razionalfinalistico della politica, e io ritengo che in questo abbiano sostanzialmente ragione. Ma anche il concetto marxista è carente. Infatti, non si tratta soltanto di moventi socioeconomici, bensì delle passioni, delle possibilità interiori dell'individuo che interferiscono con fattori socioeconomici. In altre parole, l'individuo non agisce soltanto secondo i suoi interessi economici, ma anche secondo la propria necessità interiore, le passioni, le mete che hanno profonde radici nella «condizione umana», nelle circostanze dell'umana esistenza. E io ritengo che bisogna familiarizzarsi a fondo con entrambi i fattori – l'economico e quello costituito dalle specifiche passioni umane – se si vuole comprendere perché gli individui dal punto di vista politico agiscano in questo o quel modo. Entrambi i fattori sono integrati nel «carattere sociale».

Qui va vista la grande lacuna che la psicologia in generale non ha colmato, e la scienza politica si trova ancora molto spesso in uno stadio di arretratezza razionalistica, quasi che le passioni non possano essere, in politica, oggetto di ricerca empirica.

Ma per tornare alla nostra ricerca di Francoforte, la questione che ponevamo al centro del nostro tentativo era: qual è la fisionomia caratteriale dominante degli operai e degli impiegati tedeschi? Inviammo un questionario con domande assai particolareggiate a duemila persone; ne ricevemmo di ritorno circa seicento, all'epoca una percentuale normalissima di questionari riempiti sul totale. I nostri non contenevano, come tanto spesso invece accade, domande seguite da risposte preformulate, tipo «sì» oppure «no», «molto», «un po'», «per niente», ma le risposte dovevano essere compilate individualmente dall'interrogato o dall'intervistatore, per essere poi analizzate nello stesso modo in cui, nel corso di un colloquio, analizza le risposte uno psichiatra o uno psicoanalista: qual è in realtà il significato *inconscio* contrapposto a ciò che l'interlocutore pensa *consciamente*? Risultò che, se si analizzava in tal modo ogni risposta, da un gruppo di risposte si otteneva effettivamente un quadro, non già di ciò che il singolo consciamente pensava, bensì del suo carattere, di quello che amava, di quello che gli ripugnava, lo attraeva, cui aspirava o che negava e condannava.

Per darle un esempio: alla domanda: «Si può fare a meno di punizioni corporali?» la risposta di uno suonava all'incirca: «Sì, si può farne a meno», e quella di un altro «No, non si può farne a meno». Ora, le due posizioni non sono sufficienti a ricavare conclusioni valide circa il carattere. Ma se uno degli interrogati risponde: «Sì, si può farne a meno perché limitano la libertà del bambino, e il bambino deve imparare a non avere più paura», ecco che quest'affermazione può essere interpretata come caratterizzante un individuo non autoritario. Se al contrario un altro risponde: «No, non si può farne a meno perché il bambino deve imparare a temere i genitori e a obbedire», la si può interpretare come espressione di un carattere autoritario. Evidentemente non si possono ricavare conclusioni del genere da un'unica domanda; ma, siccome disponevamo di un questionario con centinaia di domande, è risultato, e per noi stessi è stata una sorpresa, che le risposte contenute in ciascuno dei questionari avevano una notevole coerenza, al punto che già dopo aver scorso una decina di domande si poteva prevedere quale sarebbe stata la risposta alle altre.

Il ritultato cui siamo pervenuti era suppergiù questo: circa il 10% degli intervistati aveva un carattere autoritario, e ne abbiamo concluso trattarsi di individui che poco prima o dopo la conquista del potere da parte di Hitler sarebbero divenuti accesi nazisti. Circa il 15% risultava avere un carattere antiautoritario, e la conclusione teorica è stata che costoro non sarebbero mai diventati nazisti. Che avessero o meno il coraggio di mettere a repentaglio la propria vita o la propria libertà, era un'altra questione; comunque, sarebbero rimasti sempre decisamente contrari alla politica e all'ideologia nazista. La maggior parte degli intervistati, il 75%, presentava un carattere misto, come spesso accade tra i borghesi, privo di tratti esplicitamente autoritari o antiautoritari, ma con elementi di entrambi. E ne abbiamo dedotto trattarsi di individui che non sarebbero stati né accesi nazisti né resistenti, non permettendo il loro carattere scelte così definite; si sarebbero semplicemente integrati, in misura maggiore o minore, e non sarebbero stati dei lottatori.

Non possediamo dati precisi circa il numero degli operai e degli impiegati tedeschi dai quali dedurre quale fosse la percentuale di coloro i quali sono rimasti resistenti almeno in cuor loro; per quanto riguarda gli intervistati divenuti nazisti, molti esperti di cose tedesche potrebbero dirmi, ritengo, che l'ordine di grandezze cui siamo pervenuti nel corso della nostra ricerca corrispondeva abbastanza esattamente alla realtà. Soltanto una frazione relativamente ristretta degli operai tedeschi è entrata nelle file della resistenza, una percentuale ancora minore è diventata attivamente nazista, ma la stragrande maggioranza non ha optato né per l'una né per l'altra eventualità. Risultato: la resistenza non ha avuto successo. La previsione, alla quale eravamo approdati per via teorica, era ovviamente di grande significato come anticipazione della situazione politica delle possibilità di successo di Hitler. Lo stesso può essere fatto in ogni paese e con ogni popolazione, ponendosi interrogativi quali: che cosa *sentono*, che cosa sono gli individui che compongono la popolazione stessa? E non soltanto chiedendosi che cosa *pensano* e che cosa *dicono* costoro. Una volta che si sia rettamente intesa la differenza tra convinzione e opinione, non è difficile comprovarla empiricamente sulla scorta di una precisa indagine analitica sociale.

Schultz: Lei ha detto che la vostra analisi all'epoca non è stata pubblicata. Perché?

Fromm: Non è stata pubblicata perché la direzione dell'Istituto non ha voluto che diventasse di pubblico dominio. Per quale motivo? In merito ho alcune idee, esporre le quali ci porterebbe però troppo lontano.

Schultz: Ragioni di timore e prudenza, forse, ma oggi non si può non dispiacersene, perché la pubblicazione della ricerca avrebbe potuto fungere da campanello d'allarme.

Fromm: Vero. Comunque, il documento è rimasto sotto chiave, ed è assolutamente infondata l'affermazione, in cui ci si imbatte in studi sulla storia dell'Istituto, che la nostra ricerca sia rimasta incompiuta. È stata compiuta, invece, ed è facile provarlo.

Schultz: Ci sono oggi progetti del genere?

Fromm: A me non risulta. Con un collega, Michael Maccoby, ho condotto una ricerca simile, secondo gli stessi principi, in un piccolo villaggio messicano.

Pubblicata nel vol. III delle *Opere complete* di Erich Fromm, ed.

tedesca, con il titolo *Psychoanalytische Charakterologie in Theorie und Praxis. Der Gesellschafts-Charakter eines mexikanischen Dorfes* (Caratteriologia psicoanalitica nella teoria e nella prassi. Il carattere sociale di un villaggio messicano), Stoccarda, 1981.

La ricerca non riguardava soltanto i tratti «autoritari» e «non autoritari» del carattere, ma anche altri. Dal canto suo, Maccoby ha compiuto ricerche sulla differenza tra individui necrofili e biofili in vari strati sociali degli USA, e il metodo dianzi illustrato si è rivelato ancora una volta assai utile. Tuttavia, a tutt'oggi non è stato ripreso né sviluppato.

Schultz: Signor Fromm, come si può giungere a una miglior conoscenza politica dell'uomo? Indubbiamente, sarebbe nell'interesse di gran parte dei nostri politici, e d'altro canto mi sembra indispensabile, ai fini di una politica democratica, che ci si renda meglio conto di chi sono coloro che stanno sul proscenio. La televisione ci offre il destro di scrutarne il volto, di coglierne i gesti, di diffidare di quello che semplicemente dicono. Dovremmo apprendere a riconoscere i veri moventi *nascosti* dietro le comunicazioni verbali. Ma come?

Fromm: Soprattutto per una democrazia, è questa la domanda cruciale. Come si può far sì che una democrazia non cada preda di demagoghi? In democrazia, il giudizio spetta ai singoli, ma come possono questi giudicare, se credono solo a ciò che dicono gli uomini politici? Certo, le cose non stanno esattamente così. Al di sotto della soglia della consapevolezza, negli elettori sussistono sentimenti circa l'onestà, la falsità, la sincerità, la lealtà e la doppiezza di un candidato, e ne abbiamo esempi sia negli USA che in Germania. Ma questi sentimenti sono assai poco sviluppati.

Si può ben dire che la democrazia può funzionare soltanto se – a parte molte altre condizioni che qui non sto a elencare – gli individui imparano a cogliere le tendenze e le passioni predominanti in un uomo politico, a rendersi conto del carattere filosofico e quasi religioso della sua dottrina, della sua opinione politica. E ciò vuol dire che bisogna *disimparare* qualcosa, la credenza che sia importante ciò che un uomo *dice*, per *imparare* invece a considerare l'individuo come un tutto.

È singolare costatare che questa esigenza trova la sua migliore applicazione nel mondo degli affari: quando si assume qualcuno o ci si mette in società con un altro, di norma non si è così sciocchi da prestare orecchio solo a ciò che quel tale dice di sé, ma si vuole anche farsi un'idea della sua personalità. Quanto più egoistici sono i nostri interessi, con tanta maggior prudenza ci comportiamo, tanto più miriamo a giudizi anche d'ordine caratteriologico. Ma, non facciamo lo stesso quando sono in ballo interessi sociali e politici, perché allora vogliamo essere guidati, lasciarci andare, avere qualcuno che parli in vece nostra, che ci corteggi per ottenere il nostro favore, e noi lo ricompensiamo per questo suo comportamento. E per lo stesso motivo non lo guardiamo «in faccia», non ci preoccupiamo di sapere chi egli sia. Si può imparare a farlo nel laboratorio naturale di cui ogni individuo dispone, quello costituito dalla sua esperienza di vita d'ogni giorno, quale bambino, giovane, adulto. E a conti fatti, tutto si può vedere purché si voglia vedere, senza contare che qualcosa da leggere in merito esiste, per quanto deprecabile sia che la psicologia, che ha avuto tanto successo, soprattutto quella accademica, abbia dato così scarsi frutti in ambito sociale e politico. La caratteriologia, cioè la scienza del carattere, che pure è di tanta importanza per la politica, per il matrimonio, per l'amicizia, per l'educazione, ha un ruolo relativamente ristretto, sebbene sia infinitamente più importante, ai fini dell'esistenza, di gran parte delle dottrine elaborate dagli psicologi accademici che a volte hanno, sì, grandissima incidenza teorica, ma che spesso offrono solo risposte risibili ai problemi pratici, immediati, della vita.

Schultz: Mi perdoni se a questo punto mi permetto di accennare alla mia professione, e può darsi che io ne sopravvaluti l'importanza: ma lei non crede che il giornalista dovrebbe avere una certa competenza in fatto di caratteriologia, in modo da potere, in maniera più puntuale di tanti altri, elaborare una critica e criteri di giudizio, mediante i quali valutare, al riparo da illusioni, la politica e altri processi e sviluppi che toccano noi tutti?

Fromm: Ha ragione, dovrebbe essere così. Ma non bisogna d'altra parte dimenticare che l'applicazione della caratteriologia richiede coraggio. Infatti, è facile dire: questa leadership politica con le idee che esprime ci va bene, ci è d'ausilio. Dire invece: quest'uomo è un mascalzone, la sua politica mira alla distruzione, i suoi obiettivi sono completamente diversi da quelli che vuol farci credere, la sua visione è una forma di *Weltanschauung* o di religione contraria a tutto ciò che noi riteniamo bene – eh, per questo sì che ci vuole coraggio! Si tratta infatti di affermazioni che molto spesso non si possono comprovare immediatamente, dal momento che i nessi caratteriologici sono oltremodo complessi. Senza contare che tutti hanno la tendenza a ritenere giudizi di valore «antiscientifici», indimostrabili, affermazioni di carattere negativo. Sì, noi formuliamo spesso e volentieri giudizi di valore in materia di gusto; ma quando si tratta di aspetti personali, di solito si ha paura di esprimere opinioni che equivalgano a giudizi di valore, ci si lascia intimidire dal rimprovero che giudizi del genere non hanno carattere scientifico, quasi che costatazioni di fatto, che sono insieme giudizi di valore, non si prestassero a una discussione razionale!

Schultz: Infine una domanda che ripete e riassume parecchie delle cose che qui sono state dette: resistenza è un nome che designa un'attività d'ordine elevato, di grande livello qualitativo. Per vari motivi, tuttavia, in ambito sociale e politico ci imbattiamo molto più spesso in passività, disinteresse, fatalismo, sentimento di impotenza, «rifiuti» grandi, e soprattutto minimi, ad accettare rischi, a prendere decisioni, ad assumersi responsabilità e, se è il caso, «colpe». Purtroppo, non è questa la sede in cui esaminare più a fondo i motivi in questione. Mi piacerebbe tuttavia che lei spendesse ancora qualche parola sulla questione del quando e del dove debba avere inizio la resistenza perché possa risultare efficace prima che si debba ricorrere agli attentati, come quello contro Hitler.

Fromm: Se si comincia la resistenza contro uno Hitler solo dopo la sua vittoria, si è perduto in partenza. Per resistere, infatti, bisogna disporre di un nocciolo solido, di una convinzione, poter avere fiducia in se stessi, essere in grado di pensare criticamente, essere insomma individui autonomi – uomini e non pecore. Ma per giungere a tanto, per imparare «l'arte della vita e della morte», occorre un grande sforzo, molto esercizio, tanta pazienza; e del resto, bisogna sempre imparare per poter fare alcunché. E chi sviluppi in sé questa capacità, impara anche a distinguere tra ciò che è buono o cattivo per lui e per gli altri: buono o cattivo, voglio dire, per lui come *uomo*, non già ai fini del possesso, del successo, del potere.

La struttura cerebrale permette all'essere umano quella cosa senza pari che consiste nel proporsi obiettivi ottimali, mettendo le proprie passioni al loro servizio. E chi imbocchi questa strada, impara a resistere, non solo alle grandi tirannidi, come quella di Hitler, bensì anche alle «piccole tirannidi», le subdole, le tirannidi della burocratizzazione e dell'alienazione nella vita d'ogni giorno. Oggi, questa resistenza è più difficile che mai, perché le piccole tirannidi in questione sono prodotte dall'intera struttura sociale in cui l'uomo si riduce sempre più a un numero, a un ingranaggio, a una comparsa priva di importanza in un contesto burocratico in cui non gli spetta nessuna decisione, non deve assumersi responsabilità, ma deve fare in tutto e per tutto soltanto ciò che viene prescritto dalla macchina burocratica, e in cui sempre meno pensa, sente e agisce in *maniera autonoma*. Oggetto dei suoi pensieri sono soltanto cose che attengono al suo egoismo, e l'individuo è chiamato a rispondere solo alla domanda: come posso fare più rapidamente carriera, guadagnare di più, essere più sano? E non invece alla domanda: che cosa è bene per *me* come uomo? Che cosa è bene per *noi* come *polis*? Eppure, tra i greci e nella tradizione classica era questo l'oggetto fondamentale della riflessione, del pensiero inteso non già quale strumento per un più ampio dominio della natura, bensì in primo luogo quale strumento volto a fornire una risposta alla domanda: qual è la maniera migliore di vivere? Che cosa favorisce la fioritura, lo sviluppo dell'uomo?

La passività generalizzata, l'incapacità a intervenire creativamente nelle decisioni che riguardano la vita del singolo e quella consociata – ecco, è questo il terreno sul quale possono svilupparsi il fascismo e movimenti dello stesso tipo, per i quali il nome di solito lo coniamo solo a posteriori.

Attualità degli scritti profetici

Parlando di attualità degli scritti profetici, bisogna porsi innanzi tutto alcune domande: i profeti sono ancora attuali anche per chi non sia cristiano o ebreo credente? In altre parole: non *dovrebbero* essere attuali per ogni nostro contemporaneo? Oppure, per spingersi forse un tantino più in là: non dovrebbero tornare d'attualità proprio perché non sembrano attuali, perché viviamo in un'epoca senza profeti e che di profeti ha bisogno? Ma potremo affrontare la questione solo una volta stabilito che cosa sia un profeta nell'accezione veterotestamentaria. Il profeta è forse uno che predice, che svela ciò che da un pezzo è predeterminato, vale a dire il futuro? Il portatore di un messaggio sempre infausto, mai buono né lieto? Un figlio di Cassandra, insomma? Oppure un oracolo che, al pari di quello delfico, dice, sia pure in termini ambigui come ci si debba comportare?

No, i profeti non sono deterministi; essi non escludono la volontà dell'uomo di plasmare la propria vita e la propria storia: non *pre-dicono* ma *dicono*, esprimono. O, se si preferisce: proclamano la verità, non però nel senso in cui di solito si usa tale termine. La verità di cui sono portatori è che l'uomo può e deve optare tra varie scelte, le quali in sé e per sé sono predeterminate. A essere predeterminato non è dunque l'uomo: lo sono le alternative tra cui deve scegliere. In epoca biblica, al tempo in cui i profeti hanno parlato, l'alternativa era tra l'adorazione del potere statale, del suolo, di tutto ciò che gli idoli significavano, e la distruzione dello stato con la dispersione dei suoi abitanti.

Erano queste le scelte di fronte alle quali il popolo si trovava, e i profeti hanno posto l'aut aut. Vorrei sottolinearlo: ciò che i profeti hanno detto in merito a tali alternative non aveva soltanto carattere morale o religioso, come oggi spesso e volentieri si crede, ma aveva carattere realpolitico nell'accezione più precisa del termine. I profeti si sono resi conto che un piccolo stato orientale del Levante, che aveva perduto la propria sostanza spirituale, che aveva smarrito il proprio messaggio ed era divenuto tale e quale tutti gli altri stati, prima o poi era destinato al crollo, com'è accaduto e accade ad altri piccoli stati; e che si dava un'unica scelta, quella tra il crollo dello stato e la rinuncia all'idolatria del potere statale. Il popolo poteva optare tra queste due possibilità, ma i profeti volevano togliergli l'illusione, a lungo coltivata, che si potesse avere l'una e l'altra cosa, il ministato e la sopravvivenza del popolo.

Un valido esempio che illustra bene quanto ho detto è costituito dall'atteggiamento del giudice e profeta Samuele allorché gli ebrei vollero un re, quando dissero: Vogliamo essere come tutti gli altri popoli; e Samuele rese manifesta la scelta tra l'oppressione esercitata da un singolo mediante una forma di dispotismo orientale e la libertà. E il popolo doveva optare per l'una o l'altra possibilità. E il popolo voleva essere come tutti gli altri popoli; il popolo voleva avere un re. E Dio disse: «Ascolta dunque le loro voci; ammoniscili esplicitamente e mostra loro come si comporterà un re destinato a governarli».

E con questo giungiamo alla terza funzione dei profeti: i quali sono dei protestatari. I profeti non soltanto *indicano* l'alternativa, ma attivamente *ammoniscono* circa la strada che porta alla rovina, e contro questa scelta protestano. Ma, dopo aver proclamato e protestato, lasciano fare agli uomini. Neppure Dio interviene, non compie miracoli. La responsabilità ricade sull'uomo, cui spetta di fare la propria storia e che i profeti aiutano soltanto cercando di indicargli alternative, richiamando la sua attenzione sulle decisioni apportatrici di sventura.

È un problema che oggi si pone esattamente come allora. Anche noi ci troviamo di fronte alla scelta tra una società umanizzata e la barbarie, una distruzione totale, o semitotale nel migliore dei casi, e un effettivo disarmo nucleare. E anche oggi sarebbe compito dei profeti indicare questo aut aut e protestare contro l'alternativa apportatrice di catastrofi.

E qual era la fede dei profeti? Essi erano gli assertori di una fede in un unico Dio, alla cui essenza appartenevano verità e giustizia; ma i profeti in sostanza non si occupavano di *questioni di fede*, bensì di *questioni che riguardavano il modo di vivere*: in primo luogo come attuare in questo mondo i principi dell'unico Dio. Per i profeti tuttavia cruciale era *una* questione di fede: l'unicità di Dio. Ma che cosa significa in effetti unicità di Dio? Si tratta di un problema matematico, dell'uno contrapposto a molti? No, significa che c'è un'unità, un Uno celato dietro la molteplicità delle cose e la molteplicità dei nostri sensi e impulsi: l'Uno quale supremo principio. Ma quest'Uno acquista concretezza, nel pensiero dei profeti, solo se poniamo mente a un altro aspetto fondamentale, la differenza tra Dio e gli idoli, i quali sono opera dell'uomo. Anche un Dio può essere un idolo se viene adorato, al pari degli idoli, quale un'opera dell'uomo. Il Dio dei profeti è vivente, se ne parla sempre appunto come del «Dio vivente», mentre gli idoli sono cose, sono morti. Come dice uno dei profeti, hanno occhi e non vedono, orecchie e non odono.

I profeti sanno che l'adorazione degli idoli significa la riduzione in schiavitù dell'uomo, e richiamano l'attenzione sul fatto che l'adoratore di idoli ha di fronte a sé un pezzo di legno. Lo spacca, con metà del legno accende un fuoco, e sul fuoco cucina dolce cibo; con l'altra metà del legno si fabbrica un altro idolo, e torna ad adorare il pezzo di legno opera delle sue mani, quasi che questa gli fosse superiore. E lo è in quanto l'uomo trasferisca in quel pezzo di legno tutte le sue forze, ve le proietti, si renda povero e faccia ricco e potente l'idolo. E quanto più potente è l'immagine, tanto più povero diviene l'uomo il quale, per scansare l'estrema povertà, deve sottomettersi all'idolo, e riacquista una parte della propria ricchezza interiore facendosi schiavo dell'immagine lignea. Nel moderno linguaggio filosofico, questo fenomeno viene designato con il termine di «alienazione» che, nell'accezione in cui è stato impiegato da Marx e da Hegel, esprime esattamente ciò che i profeti volevano dire con il concetto di idolatria: l'assudditarsi a cose, la perdita dell'interiorità, della libertà, il porsi-in-rapporto-con-se-stessi tramite la sottomissione.

Noi siamo persuasi di non avere idoli e di non essere idolatri perché riteniamo che tra noi non ci siano né Baal né Astarte; ma dimentichiamo assai facilmente che i nostri idoli hanno, ecco tutto, altri nomi. Non si chiamano Baal e Astarte, bensì possesso, potere, produzione materiale, consumo, onore, gloria, o come altrimenti si vogliano definire le cose che l'uomo oggi adora e alle quali si dà in schiavitù.

Ma delle parole dette dai profeti, la più importante per la storia dell'umanità è forse la visione dei tempi *messianici*: una visione unica, nuova, che è divenuta fecondissima fonte di mutamenti storici. Si tratta dell'idea di «redenzione», di salvezza dell'uomo mediante la piena autorealizzazione. I tempi messianici in senso profetico sono la sospensione della maledizione scagliata contro l'uomo nel paradiso terrestre, una maledizione che implicava quella del conflitto dell'uomo con se stesso a causa della brama, del voler-avere-sempre-più, e che riguardava anche la lotta tra i sessi. Noi diamo oggi per scontato che il maschile sia il sesso dominante, ma bisogna sempre tener presente che nella storia biblica il dominio maschile è imposto quale maledizione e punizione; in altre parole, prima della cacciata l'uomo non aveva dominio sulla donna. E non mancano gli esempi storici da cui risulta che in effetti questa era la situazione in epoca preistorica.

La maledizione divina comportava infine il conflitto tra l'uomo e la natura: l'uomo doveva guadagnarsi il pane con il sudore della fronte, e il lavoro non era gioia, bensì punizione, concetto che tutt'oggi è una realtà per la maggior parte dei nostri simili. E la stessa maledizione che condanna l'uomo al conflitto con la natura trova espressione anche nell'idea che la donna deve partorire con dolore. Il sudore dell'uomo e i dolori della partoriente sono due simboli dell'umiliazione e della punizione umane frutto della maledizione biblica, e come s'è detto si tratta di manifestazioni che oggi noi accettiamo come fatti naturali, ineliminabili, mentre non lo erano per gli autori della Bibbia.

In che cosa consisteva infatti l'idea messianica dei profeti? Era l'idea di nuova pace, concepita come qualcosa di più che non l'assenza di guerra: una condizione di solidarietà e di armonia tra i singoli, tra i popoli, tra i sessi, tra uomo e natura, tale per cui, come dicono i profeti stessi, l'uomo non debba più essere ammaestrato ad aver paura. Si dimentica infatti troppo facilmente chè l'aggressività è conseguenza della paura. E all'uomo si insegna ad avere di continuo paura, a diffidare, a non credere nella bontà altrui. I profeti, in forza della loro concezione dei tempi messianici, osano affermare che l'aggressività può scomparire se scompare la paura. E i tempi messianici erano, per i profeti, tempi di sovrabbondanza ma non di lusso: sovrabbondanza nel senso che, per la prima volta, la tavola sarebbe stata imbandita per tutti coloro i quali volessero accomodarvisi, e tutti gli uomini avevano il diritto di farlo, di partecipare con i loro simili al convito. I tempi messianici per i profeti erano dunque quelli in cui gli uomini sarebbero vissuti, non solo in pace, in armonia, senza conflitti con la natura, senza brama di possesso e senza invidia, ma in cui la loro esistenza avrebbe avuto una nuova meta, uno scopo. Il quale non era e non è da intendersi come la conquista di ciò di cui si ha bisogno per vivere in senso fisico: questo resterà un compito perenne, da risolvere di continuo. Si tratta invece di un'altra meta, quella, per dirla con i profeti, della piena conoscenza di Dio o, per dirla in termini non teologici, dello sviluppo pieno delle forze psichiche dell'esistenza e della ragione dell'uomo, che avrà in se stesso il proprio centro e sarà libero di attuare le proprie potenzialità.

I tempi messianici sono, in un certo senso, la replica della condizione paradisiaca, con la differenza che questa costituiva l'inizio della storia o, se si preferisce, la preistoria. L'armonia paradisiaca regnava quando l'uomo non aveva ancora consapevolezza di sé come di un individuo scisso da altri; era l'armonia del sottosviluppo umano, dello stato primitivo, dell'unità primaria, preistorica. I tempi messianici sono il ritorno a quest'armonia, possibile a patto che l'uomo si sia pienamente realizzato nel corso della sua storia. Questa non avrebbe fine con i tempi messianici, ma in un certo senso essi costituirebbero il vero inizio della storia umana in cui sarà superato il limite che impedisce all'uomo di essere totalmente tale.

Ho accennato all'enorme fecondità dell'idea messianica ai fini dello sviluppo dell'umanità; e forse nessuna idea ha tanto influito sullo sviluppo stesso quanto quella messianica. Senza scendere nei particolari, e senza addentrarmi in questioni ancora *sub judice*, si può tuttavia affermare che sia il cristianesimo che il socialismo sono stati profondamente influenzati dall'idea messianica, sebbene l'abbiano espressa in maniera diversa e da più di un punto di vista si siano allontanati da quello che ho indicato come il suo nucleo; ma comprovarlo particolareggiatamente ci porterebbe troppo lontano.

L'idea messianica è stata portata avanti, ma anche di continuo distrutta, corrotta, per esempio nel cristianesimo, nell'ambito del quale tuttavia non è mai morta del tutto, ma è rimasta pur sempre vivente, quale seme fecondo; e ancor oggi possiamo costatarlo. Lo stesso vale per il socialismo, il socialismo umanistico di Marx, che è stato ben presto e totalmente corrotto con la costituzione dei cosiddetti stati socialisti; ma anche in essi il seme non è del tutto inaridito, e ancora una volta è dato costatare come la versione secolare dell'idea messianica, reperibile nel socialismo marxiano, non però nel socialismo socialdemocratico o comunista, sia un nucleo rimasto vivo sia pure solo in singoli individui. Si può senz'altro affermare che la storia moderna non sarebbe neppure pensabile senza l'enorme influenza dell'idea messianica, e che la si può comprendere appieno solo se ci si interroga a fondo sul come e il dove l'idea in questione si sia imposta e sul come e il dove sia stata corrotta.

Alla luce di queste considerazioni, è lecito affermare che i profeti sono oggi più che mai attuali, e non solo per i motivi invocati, ma anche perché le scelte di fronte alle quali ci troviamo, come ho già sottolineato, sono sostanzialmente le stesse dell'epoca dei profeti. Anche noi siamo chiamati a rendercene conto, anche noi dobbiamo optare per una delle due alternative. E se si vuole apprezzare l'attualità dei profeti, non ci si occupi solo di eventi contemporanei, ma anche si *leggano* i profeti: una lettura della massima pregnanza e quanto mai emozionante, se mi è lecito dirlo; i profeti hanno assai più da dire, sul mondo d'oggi, di molte cronache le quali hanno la pretesa di essere «attuali» e di rappresentare il presente – senza riuscire a *penetrarlo*.

Chi è l'uomo

La domanda: «*Chi* è l'uomo?», porta immediatamente al nocciolo d'ogni problematica. Se infatti l'uomo fosse una cosa si potrebbe domandare *che cosa* è, lo si potrebbe definire come si fa con un oggetto naturale o un prodotto industriale. Ma l'uomo non è una cosa, né può essere come tale definito, anche se molto spesso come tale viene visto. Di lui si dice che è operaio, direttore, medico, eccetera, ma così facendo ci si limita a indicarne la funzione sociale; in altre parole, l'uomo viene definito sulla scorta della sua posizione in seno alla società.

L'uomo però non è una cosa, bensì un essere vivente coinvolto in un perenne processo di sviluppo. E in ogni istante della sua esistenza non è ciò che potrebbe essere e magari diventerà.

L'uomo non può essere definito come un tavolo o un orologio; e d'altro canto, non è neppure del tutto indefinibile. Di lui si può dire qualcosa di più del fatto che non è una cosa bensì un processo vivente. L'aspetto fondamentale, ai fini di una definizione, è che l'uomo può spingersi col pensiero al di là del soddisfacimento dei propri bisogni. Per lui il pensiero, al contrario di quanto accade nell'animale, non è solo il mezzo per procurarsi i beni desiderati, ma anche un mezzo per scoprire la realtà del proprio essere e del mondo circostante, indipendentemente da predilezioni e ripugnanze. In altre parole, l'uomo non è dotato solo di intelligenza, come l'animale, bensì anche della ragione la quale gli permette di riconoscere la verità. E se l'uomo si lascia guidare dalla propria ragione, opera per il proprio bene sia in senso materiale che spirituale.

L'esperienza insegna tuttavia che molti, accecati da brama e vanità, nella loro esistenza privata non agiscono secondo ragione. Peggio: le nazioni agiscono ancor meno secondo ragione perché i demagoghi hanno buon gioco con i cittadini e riescono a far loro dimenticare che, se ne seguono i consigli, condannano alla distruzione la *polis* e il mondo tutto quanto. Molti popoli sono andati in perdizione perché non sono stati capaci di sbarazzarsi di passioni irrazionali che ne condizionavano il fare e perché si sono dimostrati incapaci di lasciarsi guidare dalla ragione. E in questo consisteva il grande compito dei profeti veterotestamentari. Essi non prevedevano il futuro, come comunemente si ritiene facciano i profeti, ma proclamavano la verità, e quindi indirettamente richiamavano l'attenzione sulle conseguenze future dell'agire presente del popolo.

Non essendo l'uomo una cosa che possa essere descritta in un certo senso dal di fuori, lo si può definire solo a partire dall'esperienza personale del suo essere. Sicché, la domanda: «Chi è l'uomo?» porta subito all'altra: «Chi sono io?». E, se non voglio cadere nell'errore di trattare l'uomo come cosa, la risposta può suonare soltanto: sono un uomo.

Ma la maggior parte dei nostri simili non hanno sperimentato questa identità: si fanno mille immagini illusorie di se stessi, delle loro qualità, della loro identità. E a volte capita che rispondano: «Sono un insegnante», «Sono un operaio», «Sono un medico»; ma questa informazione sull'attività di un individuo nulla ci dice circa *lui stesso*, e non comporta risposta alcuna alla domanda: «Chi è lui?», «Chi sono io?».

E qui insorge un'altra difficoltà. Ciascuno segue, sotto il profilo sociale, morale, psicologico, eccetera, un preciso indirizzo. Quando e come posso sapere se l'indirizzo che l'altro ha fatto proprio costituisce un orientamento definitivo, o se l'altro può cambiare strada sotto l'influsso di esperienze determinanti? C'è nell'uomo un punto fisso, tale per cui sia lecito affermare, a ragion veduta, che è quale è e mai sarà diverso? In termini statistici, è forse possibile affermarlo a proposito di molti individui; ma si può dire di ciascuno, e ciascuno può dirlo di se stesso, il giorno della morte, che avrebbe potuto essere diverso se avesse vissuto più a lungo?

L'uomo può essere definito anche in altra maniera. A condizionarlo sono due tipi di passioni e impulsi, l'uno di origine biologica e sostanzialmente uguale in tutti gli individui. Esso comprende il bisogno di sopravvivenza, e dunque anche quello di placare fame e sete, di protezione, di una qualche forma di struttura sociale e, sia pure in misura assai meno impellente, di sessualità. Le passioni dell'altro tipo non hanno radici biologiche e non sono le stesse in tutti gli individui. Derivano da strutture sociali di vario genere, e tra esse vanno annoverate l'amore, l'amicizia, la solidarietà, l'invidia, l'odio, la gelosia, la competitività, la brama di possesso, eccetera. Quanto all'odio, dobbiamo distinguere tra odio reattivo ed endogeno, concetti di cui mi servo sull'esempio della depressione endogena in contrapposizione alla depressione reattiva. L'odio reattivo è la reazione a un'aggressione o a una minaccia contro il proprio io o il proprio gruppo, e per lo più scompare una volta cessato il pericolo. L'odio endogeno è un tratto caratteriale: un individuo animato da un odio del genere è continuamente alla ricerca della possibilità di sfogarlo.

In contrapposizione alle passioni di origine biologica, quelle che hanno origine sociale sono un prodotto della struttura sociale del momento. In una società in cui una minoranza sfruttatrice eserciti il dominio su una maggioranza misera e imbelle, ci sarà odio da tutt'e due le parti. Che gli sfruttati odino, è ovvio; quanto alla minoranza dominante, essa odia per paura della vendetta degli oppressi, ma anche perché *deve* odiare le masse per soffocare il proprio sentimento di colpa e comprovare la legittimità del proprio comportamento oppressivo. L'odio non può scomparire finché manchino giustizia e uguaglianza; e allo stesso modo non c'è verità finché si debba mentire per giustificare la violazione dei principi di uguaglianza e giustizia.

C'è chi afferma che i principi in questione sono ideologie sviluppatesi nel corso della storia e che non appartengono al patrimonio fondamentale dell'uomo. È un'opinione che in questa sede non posso contestare a fondo, ma va comunque sottolineato che gli esseri umani in cuor loro sono dotati di un sentimento di uguaglianza e giustizia, e lo rivela la suscettibilità di cui danno prova quando un gruppo ostile infranga i principi stessi. La sensibilità della coscienza umana mai appare tanto evidente come nella reazione che la maggioranza dei nostri simili ha nei confronti anche di piccolissime violazioni della giustizia e dell'uguaglianza sempreché, beninteso, non se ne siano resi essi stessi colpevoli. Accade così che la coscienza acquisti voce particolarmente sonante nelle accuse lanciate da un gruppo nazionale contro i suoi nemici. Se gli uomini non fossero dotati di un naturale sentimento morale, come si spiega che insorgano con passionale violenza allorché, a torto o a ragione, vengano resi edotti di atti di crudeltà che si suppongono commessi dal nemico?

Un'altra definizione dell'uomo ne fa un essere vivente in cui la guida istintuale dell'azione sarebbe ridotta al minimo. Indubbiamente, nell'uomo sono presenti residui di motivazioni istintuali, come fame e sessualità; ma soltanto quando la sopravvivenza del singolo e della collettività sia messa in pericolo, l'individuo si lascia guidare in ampia misura da istinti. La maggior parte delle passioni che muovono l'uomo, come ambizione, invidia, gelosia, vendetta, derivano, e sono nutrite da precise costellazioni sociali. La forza di tali passioni è rivelata dal fatto che possono essere addirittura più possenti dell'istinto di sopravvivenza: gli esseri umani sono pronti a dare la vita per odio e ambizione, ma anche per amore e lealtà.

La peggiore di tutte le passioni umane, l'impulso a servirsi di un proprio simile per fini egoistici, in nome della propria superiorità, ben poco si differenzia da una forma raffinata di cannibalismo. Nelle società neolitiche, la brama di sfruttare un altro per i propri fini ancora non esisteva; ma per quasi tutti gli uomini oggi viventi, l'idea che ci sia stato un periodo della storia in cui l'uomo non voleva sfruttare e non veniva sfruttato appare bizzarra, pressoché incomprensibile. Pure, era proprio così: nelle primitive culture di agricoltori e cacciatori tutti avevano di che vivere, e sarebbe stato privo di senso accumulare alcunché; il possesso personale non poteva ancora venire investito quale capitale né conferire potere. È una fase dello sviluppo umano la cui eco si ritrova in forma leggendaria nell'Antico Testamento: nel deserto, i figli di Israele vengono nutriti dalla manna, la quale è sufficiente perché tutti possano mangiarne a sazietà, ma non può essere accumulata. Quella non consumata il giorno stesso della sua caduta si decompone e scompare, ed è vana qualsiasi previsione di futuri «rifornimenti» di manna. Al contrario, beni come granaglie o arnesi non scompaiono come la manna, possono essere accumulati e finiscono per conferire potere a coloro che ne possiedono di più. Solo allorché l'eccesso ha superato un certo limite, ha acquistato senso esercitare il potere su altri individui per obbligarli a prestare la propria opera alla classe dominante, accontentandosi di ricevere in cambio il minimo vitale. Dopo la vittoria dello stato patriarcale, schiavi, operai e donne divennero i principali oggetti di sfruttamento.

Solo se l'uomo cesserà di essere un articolo di consumo per uomini più forti di lui, potrà aver fine la preistoria cannibalesca e inizio la vera storia umana: una trasformazione la quale richiede che ci si renda pienamente conto di quanto criminali siano le nostre costumanze e usanze cannibalesche. Ma la piena consapevolezza rimarrà inefficace se non si accompagna a un vero pentimento.

Il pentimento è più del semplice rammarico, è un'emozione ben più profonda: l'uomo pentito prova disgusto per se stesso e i propri atti. Il vero pentimento e la vergogna a esso connessa è l'unica esperienza umana capace di impedire che gli stessi crimini vengano reiterati senza posa. In mancanza di pentimento, ci si può illudere di non aver mai commesso il crimine. Ma dov'è il vero pentimento? Forse che gli ebrei si erano pentiti del genocidio delle stirpi cananee? E gli americani del quasi totale sterminio dei pellirosse? Da millenni a questa parte l'uomo vive in un sistema tale per cui il vincitore non deve pentirsi di nulla, poiché potere e diritto sono tutt'uno.

I delitti commessi da noi stessi, dai nostri contemporanei e dai nostri progenitori, concretamente o tramite il nostro complice silenzio, dovrebbero essere richiamati senza infingimenti alla coscienza di ciascuno, venire confessati in forma esplicita e con un linguaggio che oserei definire rituale. La Chiesa cattolica romana offre la possibilità della confessione dei peccati del singolo, concedendo dunque un certo spazio alla voce della coscienza; ma la confessione individuale non basta perché non tocca i crimini commessi da un gruppo, una classe o una nazione, e soprattutto dallo stato sovrano che non si sottomette alle esigenze della coscienza. Finché non ci decideremo alla «confessione nazionale del peccato», gli esseri umani continueranno lungo la strada battuta, mostrando forte sensibilità per i crimini dei nemici ma cecità nei riguardi di quelli commessi dal proprio popolo. Come infatti potrebbe il singolo cominciare seriamente a obbedire ai comandamenti della coscienza se le nazioni, che pure si proclamano rappresentanti della morale, non mostrano di obbedire affatto alla coscienza? Il risultato può essere solo di mettere a tacere in ogni singolo cittadino la voce della coscienza stessa, la quale è indivisibile come la verità.

Perché la ragione umana si riveli efficace, non deve essere dominata da passioni irrazionali. L'intelligenza tale resta anche quando venga impiegata a fini malvagi. Invece la ragione, vale a dire la cognizione della verità quale è, e non già quale vorremmo che fosse per renderla più adeguata ai nostri scopi, opera soltanto nella misura in cui le passioni irrazionali vengano vinte, vale a dire nella misura in cui l'uomo sia divenuto davvero umano e le sue azioni non vengano più determinate da interessi appunto irrazionali, passionali.

Ed eccoci all'importante questione delle passioni indispensabili alla sopravvivenza dell'umanità. Aggressività e distruttività possono, sì, servire a permettere a un gruppo di distruggerne un altro e sopravvivere, ma ben diversa appare la situazione per chi abbia di mira l'intera umanità. Se l'aggressività avesse universale diffusione, non porterebbe solo alla distruzione di questo o quel gruppo, ma alla fine dell'intero genere umano. Se un tempo quest'idea era irrealizzabile, se era pura fantasia, oggi la sopravvivenza dell'umanità è posta in discussione perché l'uomo possiede i mezzi dell'autodistruzione, e in effetti si trastulla con quest'idea perché l'amore per la vita è giunto a un livello infimo. Oggi si può ben dire che il principio della sopravvivenza del più forte, lo sfrenato bisogno di affermazione degli stati sovrani, può portare alla distruzione universale.

Nell'Ottocento, Emerson affermava che «le cose stanno in sella e cavalcano l'uomo», oggi è lecito affermare che «le cose sono gli idoli dell'uomo, e la loro adorazione può distruggerlo».

Di continuo si sente affermare che l'uomo è illimitatamente plasmabile, e a prima vista sembra che sia davvero così. Una panoramica del comportamento umano attraverso la storia ci mostra che, dalle massime altezze alle massime infamie, non c'è praticamente nulla che l'uomo non possa e non abbia potuto compiere; ma l'asserzione circa la malleabilità dell'uomo va presa con riserve. Ogni modalità di comportamento che non serva allo sviluppo e alla piena attuazione dell'uomo esige un prezzo; lo sfruttatore ha paura dello sfruttato, l'assassino teme l'isolamento, in conseguenza del suo misfatto, anche quando non si tratti di isolamento carcerario; il distruttore teme la propria coscienza, il tristo consumatore teme di vivere senza aver vita.

Nell'affermazione che l'uomo è illimitatamente plasmabile è implicita l'idea che possa trattarsi di un essere fisiologicamente vivo ma mutilo dal punto di vista umano, e un essere siffatto è infelice, non conosce gioie, è pieno di rancore, e diviene pertanto distruttivo. Solo quando sia affrancato da questi ceppi, torna a spalancarglisi la possibilità della gioia. A parte condizioni geneticamente patologiche, l'uomo nasce psichicamente sano e viene deformato solo da coloro che hanno di mira il dominio totale, che odiano la vita e non sopportano il riso della gioia. E, una volta che il bambino sia divenuto uno storpio, costoro hanno un valido pretesto per il loro atteggiamento ostile che viene spiegato, non già come causa, bensì come conseguenza di un inammissibile comportamento del bambino.

Ma perché un individuo dovrebbe desiderare di fare di un suo simile uno storpio? La risposta alla domanda va cercata in quanto si è detto dianzi circa il cannibalismo tuttora in atto. Un individuo psichicamente storpiato si lascia sfruttare più facilmente di uno forte. Questi può reagire, l'indebolito non è in grado di farlo, ed è consegnato senza difesa alla malevolenza dei potenti. Quanto più un gruppo dominante riesce a fare dei dominati altrettanti mutilati psichici, tanto più facile gli riesce sfruttarli, vale a dire servirsene come di alimento per i propri scopi.

L'uomo, che è dotato di ragione, è in grado di analizzare criticamente le proprie esperienze e riconoscere ciò che serve al suo sviluppo e ciò che invece lo ostacola. Egli mira a un'espansione quanto più armonica possibile delle proprie forze psichiche e fisiche per giungere a una condizione di benessere, il contrario della quale è l'avvilimento o la depressione qual è stata illustrata da Spinoza. Sicché, la gioia è un prodotto della ragione, e l'avvilimento o la depressione la conseguenza di un modo di vivere errato. E il Vecchio Testamento che rinfaccia agli ebrei il grave peccato di essere senza gioia nella sovrabbondanza, conferma, nella maniera più esplicita, questo principio.

I valori fondamentali della società industriale sono in conflitto con il benessere dell'uomo. E quali sono questi valori?

Innanzitutto, il dominio della natura. Ma forse che la società preindustriale non dominava anch'essa la natura? Certamente, altrimenti l'uomo sarebbe morto di fame già da un pezzo; tuttavia, le modalità di dominio della natura nella società industriale sono ben diverse da quelle delle società agricole, e ciò vale soprattutto dacché la società industriale domina la natura con la tecnica. Questa si fonda sull'uso delle capacità intellettuali ai fini della produzione di cose, il surrogato maschile del grembo femminile. Per tale motivo, all'inizio del Vecchio Testamento si legge che Dio ha creato il mondo con la parola, mentre nel più antico mito della creazione babilonese è ancora la grande madre a partorire il mondo.

Il secondo valore fondamentale della società industriale è quello della sfruttabilità dell'uomo mediante imposizione, ricompense o, come più spesso accade, mediante una combinazione dell'una e delle altre.

Un terzo valore fondamentale è che l'attività economica deve dare profitti. Nella società industriale, l'aspirazione al profitto non è in primo luogo un'espressione di brama di possesso personale, bensì una misura della giustezza del comportamento economico. Non si produce per il consumo, sebbene gran parte delle merci debbano avere un certo valore d'uso per essere collocabili sul mercato, ma si produce per accumulare profitti. Ciò significa che il risultato della mia attività economica in ultima analisi deve essere un guadagno superiore all'investimento per la produzione o l'acquisto della merce; ed è un equivoco assai diffuso quello che vede nell'aspirazione al profitto una caratteristica psicologica di singoli individui mossi dalla brama di possesso. Certo, può verificarsi anche questo, ma il concetto di guadagno nella moderna società industriale è qualcosa d'altro: il guadagno è un indicatore di comportamento economico coronato da successo, e quindi una misura di capacità e abilità.

Un quarto valore addirittura classico della società industriale è la competitività. D'altra parte, lo sviluppo ha dimostrato che, in conseguenza della crescente centralizzazione e dimensione di singole aziende (ma anche in conseguenza di variazioni dei prezzi, illegali e tuttavia continue), la concorrenza cede il passo alla collaborazione tra le grandi aziende ed è più frequente tra due piccole imprese che non tra due colossi industriali. Al nostro agire economico oggi fa difetto un legame affettivo tra venditore e acquirente, mentre un tempo esisteva un particolare nesso tra il mercante e il suo cliente. Il primo si interessava al secondo, la vendita era qualcosa di più che non una semplice transazione economica; l'uomo d'affari provava una certa soddisfazione allorché vendeva alla clientela merci utili e adeguate. Certo, questo esiste ancora oggi, ma costituisce un'eccezione limitata in sostanza ad antiquate bottegucce, mentre negli odierni, costosi negozi, il personale addetto alle vendite è indifferente ai prezzi di ciò che smercia; ed è inutile sottolineare che il sorriso con cui vi si viene accolti non è sincero e che lo si paga, appunto, con l'alto livello dei prezzi.

Va infine ricordato che nel nostro secolo è notevolmente diminuita la capacità di provare compassione, e forse bisognerebbe aggiungere che è sparita anche quella di provare dolore. Non voglio dire, con questo, che gli uomini soffrano meno di un tempo, sì però che sono talmente alienati a se stessi, da non essere pienamente consapevoli del proprio dolore. Al pari di chi sia in preda a dolori cronici, accettano la sofferenza come data e l'avvertono davvero solo quando la sua intensità superi il livello abituale. Non va però dimenticato che il dolore è l'unica esperienza che sembra essere davvero comune a tutti gli esseri umani e forse a tutte le creature senzienti, sicché il sofferente che riconosca l'universalità del dolore ha tutti i diritti di impetrare la consolazione dell'umana solidarietà.

Molti sono gli individui che mai hanno conosciuto la felicità; ma non ce n'è uno che non abbia mai sofferto, per quanto si sforzi di reprimere la coscienza del dolore. La compassione è indissolubilmente legata all'amore per i propri simili; dove non c'è amore, non può esserci compassione. Il contrario della compassione è l'indifferenza, la quale può essere a ragione definita una condizione patologica di tipo schizoide. Ciò che si usa chiamare amore per il singolo, molto spesso si rivela un legame di sottomissione; chi sa amare un unico suo simile, non ama nessuno.

INDICAZIONI BIBLIOGRAFICHE

Superfluo e nausea nella nostra società
Trasmesso in 6 puntate dalla SDR:
1. L'uomo passivo (3 gennaio 1971).
2. La noia moderna (6 gennaio 1971).
3. I bisogni artificiali (10 gennaio 1971).
4. La crisi dell'ordine patriarcale (17 gennaio 1971).
5. Il fiasco della religione (24 gennaio 1971).
6. Contro i limiti della crescita umana (31 gennaio 1971).

Le radici dell'aggressività
Trasmesso in 3 puntate dalla SDR il 5, 12 e 19 settembre 1971.

Il sogno è il linguaggio dell'uomo universale
Trasmesso dalla SDR il 17 novembre 1971 nell'ambito della trasmissione «Was weiss man von den Träumen?».
Pubblicato per la prima volta in:
H. J. Schultz, a c. di, *Was weiss man von den Träumen*, Kreuz Verlag, Stuttgart-Berlin 1972, pp. 8-14.
Poi in: Erich Fromm, *Gesamtausgabe*, a c. di Rainer Funk, Deutsche Verlags-Anstalt, Stuttgart 1980-81, vol. IX, pp. 311-315.

Psicologia per non psicologi
Trasmesso dalla SDR l'1 novembre 1973 in apertura del programma «Psychologie für Nichtpsychologen».
Pubblicato per la prima volta in:
H. J. Schultz, a c. di, «Psychologie für Nichtpsychologen», *Einführung*, Kreuz Verlag, Stuttgart 1974, pp. 11-33.

Poi in: Erich Fromm, *Gesamtausgabe*, a c. di Rainer Funk, Deutsche Verlags-Anstalt, Stuttgart 1980-81, vol. VIII, pp. 71-86.

In nome della vita
Trasmesso dalla SDR il 5 gennaio 1974.
Pubblicato per la prima volta dalla Deutsche Verlags-Anstalt, Stuttgart 1974.

Hitler: chi era e che cosa si intende per resistenza antihitleriana
Trasmesso il 13 giugno 1974 in apertura del programma «Der 20. Juli - Alternative zu Hitler?».
Pubblicato per la prima volta in:
H. J. Schultz, a c. di, *Der zwanzigste Juli - Alternative zu Hitler?*, Kreuz Verlag, Stuttgart-Berlin 1974, pp. 8-24.

Attualità degli scritti profetici
Trasmesso dalla SDR il 20 aprile 1975 nell'ambito del programma «Sie werden lachen - die Bibel».
Pubblicato per la prima volta in:
H. J. Schultz, a c. di, *Sie werden lachen - die Bibel. Überraschungen mit dem Buch,* Kreuz Verlag, Stuttgart-Berlin 1975, pp. 67-72.
Poi in: Erich Fromm, *Gesamtausgabe*, a c. di Rainer Funk, Deutsche Verlags-Anstalt, Stuttgart 1980-81, vol. VI, pp. 77-81.

Chi è l'uomo?
Trasmesso dalla SDR il 26 agosto 1979.

29771
1991

Questo volume è stato ristampato
presso Arnoldo Mondadori Editore S.p.A.
Stabilimento Nuova Stampa Mondadori - Cles (TN)
Stampato in Italia - Printed in Italy